筑摩選書

吉開 章
Yoshikai Akira

ろうと手話

やさしい日本語がひらく未来

ろうと手話　目次

第三章　「聴覚口話法」と「バイリンガルろう教育」　083

第四章　「言語としての手話」に関する議論　111

第五章　「日本語教育」と「やさしい日本語」の視点から見直してみる　137

ろうと手話

やさしい日本語がひらく未来

はじめに――「ろう者」と「外国人」の共通項

本書は、外国人との多文化共生や日本語教育における「やさしい日本語」というキーワードに関心を持っている人や、その推進に関わっている人たちなどに向けて、聴覚障害で生きづらさを感じている人たちの事情や歴史的背景を知ってもらい、外国語だけでなく手話にも対応する社会実現に向けた当事者団体などの活動への協力を呼びかけるものです。

また、手話が禁止されていたかつてのろう教育や、ろう者の手話に聞こえる者が関わってきた歴史などをまとめた上で、社会における手話の普及や、ろう教育に関する議論を中立的な立場から整理します。そこに「日本語教育」と「やさしい日本語」という新たな視点を加えることで、ろう者や手話の抱える諸問題を打開するきっかけにしたいと考えています。

日本語を母語としない人のための、やさしい日本語

地方を中心に、人口減少・少子高齢化が深刻化しています。政府は外国人材を積極的に獲得する姿勢に転換し、二〇一八（平成三〇）年に改正入管法が成立しました。同時期に日本

語教育推進法も成立し、定住化に向けて日本語教育を国の責務としました。

このような背景のもと、外国人のように日本語を母語としない人たちに対し、行政や施設・機関などが日本語の語彙や文法を調整して表現する「やさしい日本語」が注目されています。文化庁が二〇二〇年に発表した二〇一九（令和元）年度「国語に関する世論調査」では、やさしい日本語で外国人に伝えるという取り組みを知っている人の割合が二九・六％という結果が出ています。

筆者は、外国人への日本語教育に関心をもったことから、二〇一〇（平成二二）年に日本語教育能力検定試験に合格しました。またアジアを中心とした訪日観光客には日本語学習者が多いことに注目し、やさしい日本語をおもてなしに使う「やさしい日本語ツーリズム」事業を二〇一六年に故郷の福岡県柳川《やながわ》市で立ち上げました。以来、コミュニケーション領域でのやさしい日本語の社会啓発を業務としています。各地で講演を行うほか、二〇二〇年七月にアスク出版より『入門・やさしい日本語』を上梓しました。

やさしい日本語の有効性と仕組み

ここで、簡単にやさしい日本語について説明しておきます。

入管庁（出入国在留管理庁）「令和二年度在留外国人に対する基礎調査報告書」では、国内に住む外国人に対して日本語の能力について聞いた項目があります。まず日本語能力（話す・聞く）をみると、「仕事や学業に差し支えない程度に会話できる」の割合がもっとも高い三二・八％となっており、次いで「日常生活に困らない程度に会話できる」（三二・四％）、「日本人と同程度に会話できる」（二二・九％）となっています。「日本語での会話はほとんどできない」と回答した割合は一二・〇％でした（図1）。

さらに同調査では、現在報道などで広く使われている日本語の文と、同じ内容でもっとやさしく言い換えた上で漢字のルビをつけたものをそれぞれ読ませ、その理解度を聞いています。

【広く使われている日本語】
海や河口の近くで強い揺れを感じたときは，直ちに海岸や河口から離れ，高台や避難ビルなど高い場所に避難すること。

【やさしい日本語】
海《うみ》で大《おお》きな地震《じしん》があったとき，すぐ海《うみ》や川《かわ》から遠《とお》くに離《はな》れて，高《たか》い場《ば》所《しょ》に行《い》きます。

その結果、意味が「よく分かる」と答えた外国人の割合は、普通の日本語では五二・一％だったところ、やさしい日本語にしたものでは七七・二％に増加しました。このように、日本にいる外国人への情報保障やコミュニケーションで、やさしい日本語は有効な手段であると考えられています（図2）。

やさしい日本語への言い換えに一つだけの答えはありませんが、わかりやすくするコツとして、前述の著書の中で、

●はっきり言う
●さいごまで言う
●みじかく言う

の頭文字をとった「はさみの法則」を提唱しています。また、漢字の熟語を避けてできるだけ和語でいう、尊敬語・謙譲語は使わず「です・ます」にとどめる、オノマトペ（擬音語・擬態語）は使わない、といった工夫をすることが大事だとされています。

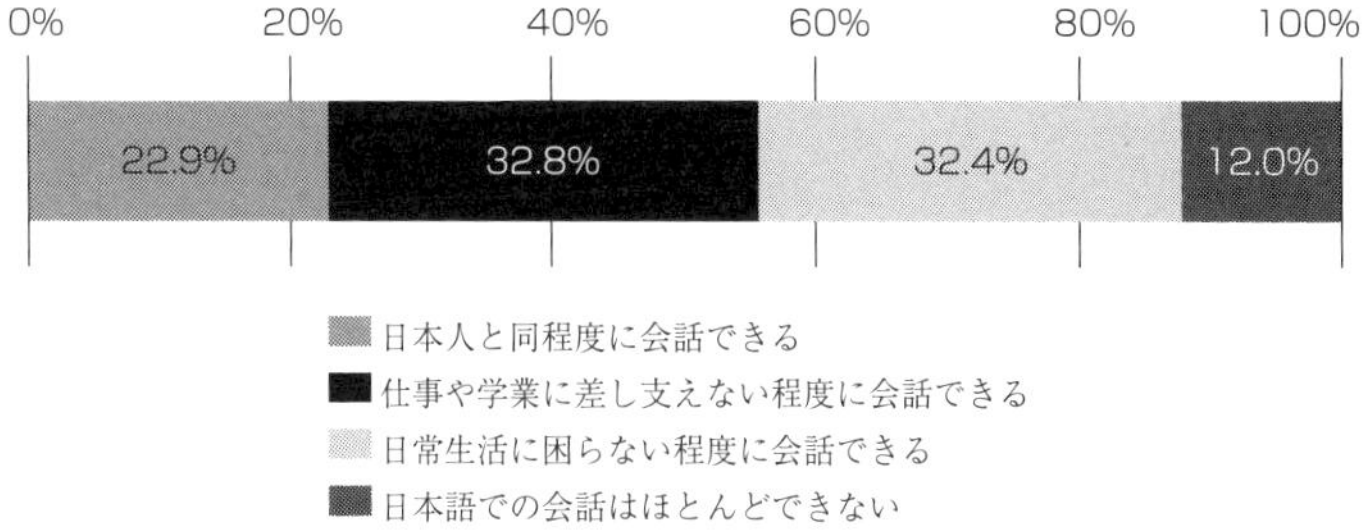

図１　在留外国人の日本語能力（話す・聞く）
入管庁「令和二年度 在留外国人に対する基礎調査報告書」より作成

【広く使われている日本語】

海や河口の近くで強い揺れを感じたときは，直ちに海岸や河口から離れ，高台や避難ビルなど高い場所に避難すること。

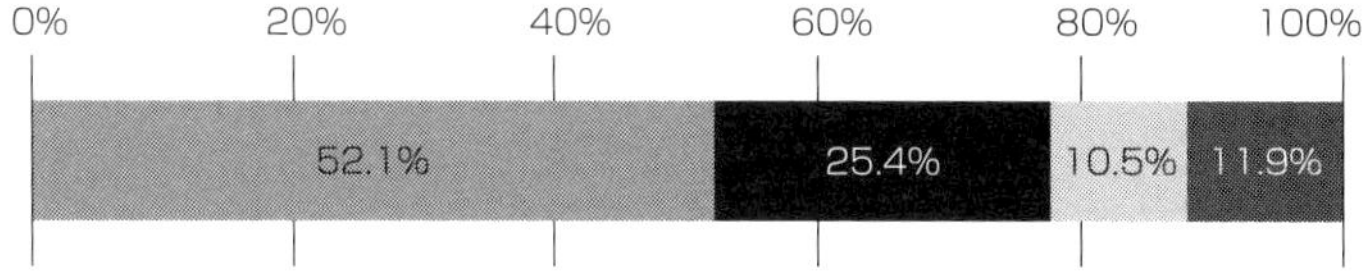

【やさしい日本語】

海《うみ》で大《おお》きな地震《じしん》があったとき，すぐ海《うみ》や川《かわ》から遠《とお》くに離《はな》れて，高《たか》い場所《ばしょ》に行《い》きます。

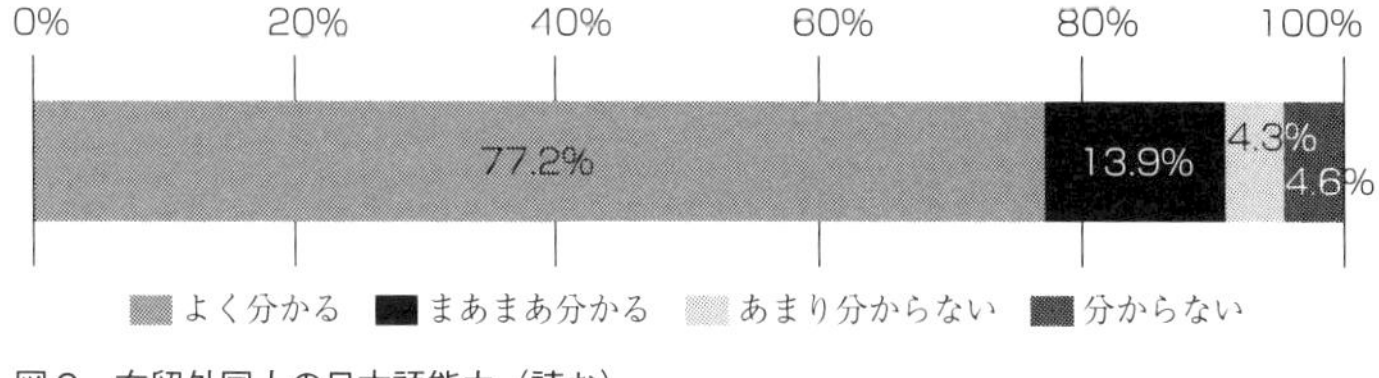

図２　在留外国人の日本語能力（読む）
入管庁「令和二年度 在留外国人に対する基礎調査報告書」より作成

日本語を母語としない「ろう者」がいる

「日本語を母語としない人たち」は、必ずしも海外にルーツがある人とは限りません。生まれながらに、または生まれてまもなく耳が聞こえなくなった「ろう」の人たちも、日本語を母語としない場合があります。そしてそのような人たちの母語は「手話」であり、日本語は「第二言語」なのです。多くの人はこのことについて知らなかったり、誤解していたりするのが実情です。

私たちは、手話のことをどの程度わかっているでしょうか。手話については、よく次のような質問が聞かれます。

「手話って、ジェスチャーでしょ」
「手話って、世界共通なんでしょ」
「手話って、日本語を手で表現してるんですか？」
「ろう者なら、みんな手話を使えるんですよね」

これらはすべて誤解です。手話が言語だと認識されるようになってから、実はまだ半世紀程度しか経っていません。聞こえる大多数の人は、ろう者や手話に関する理解がないといえます。

ろう児が第二言語として日本語を学ぶということは、聞こえる子どもが英語を学ぶことと同じです。私たちの英語が英語母語話者と同じになるのが難しいのと同様に、ろう者の日本語が日本語母語話者と同じになるのは困難なのです。しかし聞こえる人でこのシンプルな理屈を理解している人は少なく、ろう者の能力自体を疑ったりするなど、偏見・差別につながっています。

足に障害がありゆっくり歩く人と一緒にどこかに行くときは、その人の速さに合わせるか、急ぐ場合はタクシーなどに乗ったりします。同様に聞こえない人・聞こえにくい人と会議をするときは、周りの人がその人に合わせて対応したり、必要に応じて手話通訳をつけたりするべきです。しかし実際には、そのような配慮はめったにないのが現実です。「メガネをかければふつうに見える」と同じイメージで「補聴器をつければふつうに聞こえる」と思っている人が大半でしょう。

日本語を母語とし、音声コミュニケーションに頼った人が圧倒的多数である日本社会で、外国人だけでなくろう者も同様の生きづらさを感じています。その生きづらさは、車いす利用者や視覚障害者にとっての階段の段差のような、社会インフラに起因する障壁だけでなく、対人コミュニケーションにおける障壁に大きく起因しています。このため、さらなる誤解・孤立・差別を生みやすい構造となっています。ろう者がどのようにして聞こえる人の話すことを理解しているのか、ろう者の日本語はなぜ間違いがちなのか、ろう者と聞こえる人ではなぜ文化的な違いがあるのかなど、私たちは一つひとつ基礎から学ぶ姿勢が必要でしょう。

日本語非母語話者の気持ちと、伝わる話し方を知る「日本語教師」

ろう者にしろ外国人にしろ、社会の無理解の原因は「言葉が伝わらない」ことであるため、誰かが間に立って解消する必要があります。コミュニケーションを成立させるために直接的な役割を担うのは「通訳者」ですが、社会全体に理解を促進するには別の取り組みが必要です。

外国人については、先に述べた政府の外国人材獲得推進の流れの中で、外国人への日本語教育の保障に加え、受け入れる社会・地域側が日本語を調整してコミュニケーションを成立させる「やさしい日本語」が注目されるようになりました。そこで活躍が期待されているのが、外国人に日本語を教えることができ、さらに外国人がわかりやすい形に日本語を調整するスキルもある「日本語教師」です。

従来の日本語教師は日本語学校などで留学生に日本語を教えることが仕事の中心であり、

地域における外国人の日本語教育は専門的なスキルがあまりない地域ボランティアに支えられてきたのが実情でした。しかし、やさしい日本語の必要性が認識されるようになると、日本語教師の基本スキルである「ティーチャートーク（日本語初学者にも伝わりやすい話し方）」が注目されるようになりました。日本語教師は外国人がどのような教科書や方法で日本語を学んでいるかに詳しく、相手の日本語レベルを把握し、相手に合わせた話し方ができます。また外国人の日本語の間違いに寛容な態度をとることにも慣れています。このように、やさしい日本語への書き換えやコミュニケーションを学びたい日本人にとって日本語教師は手本となる存在になり、全国各地で開催されている公務員や地域住民向けのやさしい日本語研修会に、日本語教師が講師として招かれるようになりました。日本語教師の活躍の場は対外国人から対日本人へも広がりました。

ろう者に対する日本語教師とやさしい日本語の可能性

一方、ろう者への理解について、このような大きな社会的なうねりはまだ出てきていません。

私は多言語学習やコンピュータ言語など、言語オタクを自認するほど言語に興味をもっています。やさしい日本語の社会普及活動を進めていくなかで、偶然ＴＢＳラジオの番組で

「手話はひとつの言語である」という特集を聞きました。ゲストの斉藤道雄《さいとうみちお》氏は日本で初めて「日本手話」で教科を教える特別支援学校「明晴学園《めいせいがくえん》」の理事長でした。

この番組で私は「手話は言語である」「日本語を第二言語として学ぶろう者がいる」ということをはじめて知り、自分の無知に大変な衝撃を受けました。そして、ろう者の問題は第二言語として日本語を教える日本語教育とストレートに関係することだと気がつきました。覚醒した、といっても過言ではない経験でした。すぐに斉藤氏の著書『手話を生きる』（みすず書房）を購入し、何度も読み返し、仲間の日本語教師たちにも推薦していきました。

それからたくさんの書籍・論文を読みあさり、学会・セミナーなどにも出席して勉強しました。そして二〇一八（平成三〇）年八月の東京都港区職員向けやさしい日本語研修会での最後の一〇分で、初めてろう者の置かれた現状を説明し、「外国人に対して寛容な気持ちを持てるなら、その気持ちをぜひろう者にも向けてほしい」という言葉で締め括りました。これに対し事後アンケートで「はじめて知った」「ろう者への見方が変わった」など高い評価をいただき、やさしい日本語の研修という場でろう者の事情を伝えることは極めて意義深いと確信しました。それ以降すべての講演は誰にも頼まれずろう者の話で締め括り、やさしい日本語への関心の高まりを利用して、少しでもろう者の事情の理解を広め、偏見や差別をなくしたいと活動してきました。

ろう児への日本語教育に、日本語を母語としない子どもに向けたバイリンガル教育の手法を応用する研究や実践はすでにありますが、今後本書で述べていくような事情でなかなか進んでいません。

また、音声日本語の獲得のためにろう学校で手話が禁止されていた時代が長く、大人になってから手話を学んだろう者も多数います。さらには、ろう学校で学んだ人と一般の学校で学んだ人の間や、手話を母語とする人とそうでない人の間では、自認するアイデンティティが違うことがあるなど、ろう児・ろう者の事情については当事者ではないものにとって理解が難しい点が多々あります。結果的に、ろう教育関係者間でもバイリンガル教育の導入に関する考え方は定まっていません。

しかしながら、やさしい日本語という考え方は、外国人だけでなく、ろう者や知的障害者など情報アクセスやコミュニケーションに困難を抱えている人にも有効であると、学術的にも政策的にも認められるようになりました。今後やさしい日本語の推進、多文化共生の実現に携わる人たちは、このやさしい日本語の広がりも含めて活動していくことになります。そして特にろう・聴覚障害に関しては、日本語教育の知識を大いに生かすことができるのです。

本書で伝えたいこと

本書はまず、以下に関する事実関係を紹介します。

●障害児教育の流れを知る
●聴覚障害の種類について知る
●手話禁止の歴史を知る
●ろう教育と手話に関する議論について知る

その後、私たち日本語教師、そしてやさしい日本語の推進に携わる者が彼らの抱える問題にどのように向き合うべきか提案します。最後には、僭越ではありますが、現在のろう関係者の直面している課題に対する、私なりの解決方法を申し上げます。

読者の方には、ろう・聴覚障害に関わるさまざまなことを体系的に知り、これまで当事者がどんな思いで聞こえる人中心の社会で生きてきたか、現在においても何が問題なのかを十分理解してもらいたいと思います。その上で、やさしい日本語の追い風を利用して、ろう者に関する社会啓発活動に理解と協力をいただきたいと思っています。

また、このような書籍が出ることで、当事者団体やろう教育関係者にもやさしい日本語の動きが追い風であることが認識され、やさしい日本語の旗のもとに、外国人向けの運動と連携して、より大きな意味での多文化共生社会づくりが推進されることになれば、これ以上の喜びはありません。

本書における用語の定義や使い方など

本書では特に前後の補足がない限り、以下の用語を「：」以下に示すそれぞれの意味で使うこととします。

聞こえる人（者）：音声言語（断りがない限り音声日本語）を母語とする、聞こえる身体をもつもの。

ろう者：音声言語（断りがない限り音声日本語）を母語としない、聞こえない・聞こえにくい身体をもつもの。

外国人：海外にルーツがあり、日本語を母語としないもの（日本国籍含む）。特に断りがない場合、聞こえる人とする。

日本人：日本に長く住み、音声日本語を母語とするもの（外国籍含む）。特に断りがない場合、聞こえる人とする。

私たち：日本における多数派としての「日本人」、または日本語教育関係者・やさしい日本語推進者。

聞こえる人を学術書などで「聴者」と表現することもありますが、「聴く」という言葉は本来「心して聞く」という意味であり、「ろう者」という言葉の対義語として相応しくないという考え方があります。このため本書でも「聞こえる人（者）」という用語を使うこととします。なお、引用文献はこの限りではありません。

また本文でも紹介しますが、一般財団法人全日本ろうあ連盟は、「手話」という言葉自体には「言語」という意味が含まれないことから、英語の sign language のように「手話言語」と呼ぶべきだと主張しています。本書は一般書であるため、広く知られている「手話」という用語を使うことにしますが、手話が言語であるということに異論はありません。

「障害」という表記について、「障がい」「障碍」などと書かれることがありますが、本書では本文中で述べる「社会モデル」の視点から、解決すべき「害」は社会側にあるという考えに基づき「障害」と記します。引用文献はこの限りではありません。

なお、関係する事項を紹介する際に、現在では不適切と見なされる可能性のある表現を使用・引用している部分もありますのでご了承ください。

やさしい日本語という言葉の表記については、減災に関係するものを「やさしい日本語」、平時に対応するものを〈やさしい日本語〉と、研究領域によって書き分けることもあります。本書では幅広い解釈として、原則としてかっこをつけずに表記し、「やさしい日本語」と表している場合も減災に限定したものではないものとします。

第一章

ろう・聴覚障害の基礎知識

1　障害児教育の概要

戦前の障害児教育

まず日本における障害児教育の概要を見てみましょう（表1－1）。

戦前には、障害児への教育は義務教育外とされていました。明治時代になってから全国で学校教育の基盤が整備されていきましたが、視覚障害・聴覚障害・知的障害などを持つ子どもたちの就学義務はないとされていたことから、地域の学校で受け入れられることはありませんでした。

このような状況から、各地の篤志家の支援による障害児教育の動きが活発になります。小学校教師であった古河《ふるかわ》太《た》四《し》郎《ろう》らが一八七八（明治一一）年に開設した京都《きょうと》盲唖《もうあ》院《いん》が、最初の視聴覚障害児への「**特殊教育**」の学校となり、一般の子どもたちと別の学校における「**分離教育**」がはじまりました。大正時代に入り、人々の人権意識が高まっていくと、一九二三（大正一二）年には盲《もう》学校及び聾唖《ろうあ》学校令が施行されました。これにより各地に盲学校・聾唖

戦前	戦後（1947）	2005	2012
義務教育外	義務教育化		
篤志家の支援	特殊教育	特別支援教育	
障害種類に応じた分離教育		**インテグレーション**	**インクルージョン**
ろう・盲学校		**特別支援学校・特別支援学級**	
それぞれの障害に対応する専門の学校に通い、同じ障害を持つ子ども同士で学ぶ		さまざまな障害のある子どもが同じ学校に通い、専門の学級で学ぶ	すべての子どもが同じ学級で学び必要に応じ通級指導を行う

表1－1　日本における障害児教育

学校の設立が義務化され、それまでに民間で設立された学校も公立に移行されました。

　一九三七（昭和一二）年、日中戦争勃発をきっかけとして、台湾や朝鮮などの現地人の日本人化を目的とした「皇民化教育」が進められ、その一環として障害児への教育も注目されました。一九三八年第一次近衛《このえ》文麿《ふみまろ》内閣下の教育審議会は「精神又は身体の故障ある児童には、特別の教育施設並にこれが助成方法を講ずるよう考慮し、特に盲・聾唖教育は国民学校に準じて速かに之を義務教育とすること。」と答申しました。これを受けて文部省も盲・聾唖学校の義務教育化に向けて予算化の準備をしていましたが、日中戦争の激化や近衛内閣総辞職の影響で実現しませんでした。（文部科学省『学制百年史』第七節「特殊教育」）

　太平洋戦争開戦の一九四一年には国民学校令が施行され、皇民化教育が一層進められました。しかし、ここでも障害児の就学は義務化されませんでした。

戦後の障害児教育の義務教育化と特殊教育・分離教育

終戦後、一九四七年に教育基本法と学校教育法が制定されました。盲学校・ろう学校に加えて養護学校が設立され、このとき初めて障害児への初等教育が義務化されました。しかし、重度障害児の場合は就学免除・就学猶予の措置が取られ、結果的に希望者全員の受け入れ体制がない時期が長く続きました。

すべての障害児を対象とした養護学校教育が義務化されたのは一九七九年のことです。一九七三年に公布された「学校教育法中養護学校における就学義務及び養護学校の設置義務に関する部分の施行期日を定める政令」により、六年の月日をかけて実現されました。（文部科学省『学制百二十年史 二』「養護学校の義務制実施への道」）

義務教育となった障害児教育は、戦前と同じくそれぞれの障害に対して専門的に対応する「特殊教育」として行われ、一般校と別の学校における「分離教育」という位置づけでした。

世界的なノーマライゼーションの潮流

日本で養護学校を含む特殊教育が義務化され、分離教育が確立していった時期、世界では障害の有無にかかわらず社会参加できる環境を整備していこうとする「**ノーマライゼーショ**

ン」の理念を実現しようという運動が生まれていました。

ノーマライゼーションはデンマークの社会運動家バンク・ミケルセンによって提唱された概念です。バンク・ミケルセンは一九五〇年代に劣悪な環境に収容されていた知的障害者の実態を知り、一九五一年に発足した知的障害者の親の会に協力して、ノーマライゼーションのスローガンを法律とするため尽力しました。

この動きが隣国スウェーデンでも活発になると、その後世界的な潮流となり、国連による一九七一年「精神薄弱（遅滞）者の権利に関する宣言」および一九七五年「障害者の権利宣言」につながりました。さらに国連は、この二つの宣言の実施を促すため、一九八一年を「国連障害者年」に指定しました。

日本における分離教育という形での障害児教育の推進は、同時期の世界的なノーマライゼーションの潮流とは逆行するものでした。高橋純一《たかはしじゅんいち》と松崎博文《まつざきひろふみ》は「このようなノーマライゼーション理念の流れのなかで、日本においても、分離教育は非難の対象となった」と述べています。（「障害児教育におけるインクルーシブ教育への変遷と課題」二〇一四年）

「サラマンカ声明」とインクルーシブ教育

世界的なノーマライゼーションへの取り組みを背景に、一九九四（平成六）年、スペインのサラマンカでＵＮＥＳＣＯおよびスペイン政府共催の「特別なニーズ教育に関する世界会議」が開催され、「サラマンカ声明」が採択されました。声明は「万人のための教育（Education for all）」を掲げ、地域の学校内にすべての子どもたちを受け入れる「**インクルーシブ教育の原則**」を各国に求めています。

「インクルーシブ（包摂）」とは、多様な人たちが同じコミュニティで相互に尊重しながら活躍できるようになることをいいます。宣言文では「インクルーシブ志向をもつ通常の学校こそ、差別的態度と戦い、すべての人を喜んで受け入れる地域社会をつくり上げ、インクルーシブ社会を築き上げ、万人のための教育を達成するもっとも効果的な手段であり、さらにそれらは、大多数の子どもたちに効果的な教育を提供し、全教育システムの効率を高め、ついには費用対効果の高いものとする」と述べられています。サラマンカ声明に至った背景には、社会をインクルーシブにしていく上で、教育の段階から障害を理由に分離することは、障害児にとってもそうでない子にとっても弊害があるという考え方があります。（国立特別支援教育総合研究所「サラマンカ声明」）

一方で「教育政策は、個人差と個別の状況とを十分に考慮するべきである」と、一律対応ができない場合もあるとし、その例としてろう教育が挙げられています。ろう教育についての「聾者および盲聾者は特有のコミュニケーションニーズがあるため、彼らの教育は特殊学校もしくはメインストリーム校内の特殊学校やユニットでより適切に提供されるかもしれない」（同前）と書かれています。本来インクルーシブ教育では障害のある子どもも他の児童と同じ学級に所属しますが、ろう児への教育はその専門性の高さから、一般校と別のろう学校や一般校の別学級で教育するほうがいいという例外的な対応も示されています。

「特殊教育」から「特別支援教育」、「分離教育」から「インテグレーション教育」へ

このような世界的なインクルーシブ教育の潮流から、国内でも障害児に対する総合的な教育の受け皿を整備すべく、「特別支援教育」という枠組みが作られました。そのなかで、ろう学校・盲学校・養護学校を統合した「特別支援学校」が二〇〇三年に提案されました（文部科学省「今後の特別支援教育の在り方について（最終報告）のポイント」）。本提案は二〇〇六年の改正学校教育法で決定し、二〇〇七年からろう学校は特別支援学校に名称変更されました。少子化や医療・技術の発達に伴うろう学校・盲学校の児童生徒の減少もこの施策の理由の一つとなっています。

さらに文部科学省「今後の特別支援教育の在り方について（最終報告）」では「通常の学級に在籍した上での必要な時間のみ「特別支援教室（仮称）」の場で特別の指導を受けることを可能とする制度に一本化するための具体的な検討が必要」とされました。そしてその前段

階として、一般校に設置された特別支援学級で、障害のない子どもとは別に学ぶ「**インテグレーション**（**統合**）**教育**」が先行して行われました。これらの施策は一般校で原則すべての障害児を受け入れるインクルーシブ教育を導入するための段階的な措置だったと考えられます。

「インテグレーション（統合）」から「インクルージョン（包摂）」へ

二〇一二年、文部科学省は「共生社会の形成に向けたインクルーシブ教育システム構築のための特別支援教育の推進」を定め、「障害のある子どもと障害のない子どもが、できるだけ同じ場で共に学ぶことを目指すべきである」としました。背景には重複障害やLD（学習障害）、ADHD（注意欠如・多動性障害）といった新しい種類の障害への対応を迫られていたという事情もありました。

同時に、

●個別の教育的ニーズのある幼児児童生徒に対して、自立と社会参加を見据えて、その時点で教育的ニーズにもっとも的確に応える指導を提供できる、多様で柔軟な仕組みを整備することが重要である。

●小・中学校における通常の学級、通級による指導、特別支援学級、特別支援学校といった、連続性のある「多様な学びの場」を用意しておくことが必要である。

という方針が打ち出されています。

このように現代の日本における障害児教育の仕組みは、まずろう学校・盲学校・養護学校を「特別支援学校」に統合したのち、地域の一般校の別学級でも障害児を受け入れる「インテグレーション教育」を開始、その後さらに多様化した障害にも対応するため、一般学級でも受け入れる「インクルーシブ教育」が本格的に整備されるという流れになっています。

特別支援教育の現状

では、現在の障害児教育はどのように行われているのでしょうか。

文部科学省による特別支援教育の分類における「通常の学級」では、障害のある子どもとない子どもが共に属し、基本的には通常の学級で同じ授業を受けます。さらに障害に応じた特別の指導が「通級指導教室（通級）」という別の場で行われます（表1－2）。

また、同じ文部科学省のデータによると、二〇一九年時点での各学級の児童生徒数は表1

<table>
<tr><th colspan="2">学校</th><th colspan="3">対応する障害の種類</th></tr>
<tr><td colspan="2">特別支援学校
障害の程度が比較的重い子供を対象として、専門性の高い教育を実施</td><td rowspan="3">肢体不自由
病弱
身体虚弱</td><td>視覚障害
聴覚障害</td><td rowspan="2">知的障害</td></tr>
<tr><td rowspan="2">小・中学校
など</td><td>特別支援学級
障害の種別ごとの学級を編制し、子供一人一人に応じた教育を実施</td><td rowspan="2">弱視
難聴
言語障害
自閉症
情緒障害</td></tr>
<tr><td>通級による指導
大部分の授業を在籍する通常の学級で受けながら、一部の時間で障害に応じた特別な指導を実施</td><td>学習障害
（LD）
注意欠陥・
多動性障害
（ADHD）</td></tr>
</table>

表1－2　特別支援教育のあり方

文部科学省「特別支援教育行政の現状及び令和３年度事業について」より作成

－３のとおりです（数字は概算）。おおよそ日本の全児童生徒のうち五％以上が何らかの課題を抱えて特別支援教育を受けていることになります。

ここで、聴覚障害に関する箇所に注目してみます。サラマンカ声明にあるとおり、ろう者（および盲ろう者）には特有のコミュニケーションニーズがあることもあり、数字上は聴覚障害のある子ども全員が特別支援学校での対応となっています。しかし文部科学省は「難聴」の定義を「補聴器等の使用によっても通常の話声を解することが困難な程度のもの」とする一方、その上のレベルである「聴覚障害」の定義は、「難聴」の定義における「困難」を「著しく困難」と言い換え

対象障害種類（重複はダブルカウント）	特別支援学校	小学校・中学校	
		特別支援学級	通級による指導
視覚障害	5,000		
聴覚障害	7,900		
知的障害	113,300	38,200	
肢体不自由	30,900	4,700	120
病弱・身体虚弱	19,200	4,300	50
弱視		600	200
難聴		2,000	2,200
言語障害		1,500	39,700
自閉症・情緒障害		151,100	25,600＋19,200
学習障害			22,400
ADHD			24,700
合計	**144,800**	**302,500**	**134,200**
幼稚部	1,300	—	
小学部・小学校	46,300	218,000	116,600
中学部・中学校	30,600	84,400	16,800
高等部	66,600	数字なし	800
対全児童生徒割合	**0.80%**	**3.10%**	**1.40%**

表１－３　特別支援学校等に通う児童・生徒の数（人）
文部科学省「特別支援教育行政の現状及び令和３年度事業について」より作成

特別支援学校	小学校・中学校	
	特別支援学級	通級による指導
「聴覚障害」	「難聴」	
両耳の聴力レベルがおおむね60デシベル以上のもののうち，補聴器等の使用によっても通常の話声を解することが不可能又は著しく困難な程度のもの。	補聴器等の使用によっても通常の話声を解することが困難な程度のもの	補聴器等の使用によっても通常の話声を解することが困難な程度の者で，通常の学級での学習におおむね参加でき，一部特別な指導を必要とするもの
7,900人	**2,000人**	**2,200人**

表１－４　聴覚障害がある子どもの数
文部科学省「特別支援教育行政の現状及び令和３年度事業について」より作成

るにとどまっています。また、聴覚障害に該当する平均聴力の目安を六〇dB以上としていますが、日本聴覚医学会の分類は七〇dB未満を中等度難聴相当（四段階のうち軽い方から二番目）としており、聴覚障害と難聴の線引きはあいまいです（表1-4）。公立ろう学校の教員の話によると、実際には、「著しく困難」な場合だとしても、十分な対応体制を備えた特別支援学校が通学できる範囲にないために仕方なく地域の学校を選ぶこともあれば、聞こえる親の強い要望で地域の学校に通わせることもあるそうです。

本節で述べてきたように、明治に始まった日本における障害児教育は、長らく分離教育の形をとってきましたが、世界的なノーマライゼーションの潮流に遅れながらも、二一世紀に入ると徐々に制度・体制を整えながら、インテグレーションを経てインクルーシブ教育へと変わっていきました。ろう教育については、その専門性が高いことから、現在も一般校と別の特別支援学校がその役割を担っているものの、少子化の影響でろう学校・ろう児のクラス自体が減少しているという事態が起きており、今後ろう教育の受け皿をどうすればいいか、深刻な課題となっています。

2　聴覚障害の概要

障害の「医学モデル」と「社会モデル」

そもそも「障害者」とはどのような人のことをいうのでしょうか。一九七五（昭和五〇）年に国連で採択された「障害者の権利宣言」では、次のように定義しています。

「障害者」という用語は、先天的か否かにかかわらず、身体的ないし精神的な能力における損傷の結果として、通常の個人的生活と社会的生活の両方かもしくは一方の必要を満たすことが、自分自身で完全にまたは部分的にできない者を意味する。

（文部科学省ホームページ「障害者の権利宣言（抄）」）

「損傷の結果として」という表現にあるように、障害には医学的な側面があります。

ここで、階段があって動けずに困っている車いす利用者がいる、という場面を想像してみましょう。

この人は医学的な理由、すなわち歩くという身体能力に損傷があるので、「自分自身で」階段を移動できないと考えることができます。このように医学的視点から見ることを、「**障害の医学モデル**」と言います。医学モデルでは、障害を個人的な悲劇と捉え、医療関係者や家族などの助けも得た上で、個人の努力で克服すべきものと位置付けます。この意味で「個人モデル」ということもあります。

しかし、別の見方も存在します。車いす利用者が移動できないのは、そこに階段しかないから、という考え方です。このとき、スロープやエレベーターのような代替手段を用意するのは行政やその施設の責任です。このように、障害は社会インフラの不足によって起きていると捉え、社会の責任で克服すべきものだという視点を「**障害の社会モデル**」と言います。

戦後の高度経済成長を支えた社会設備投資では、往々にして障害者の視点が後回しになり、当事者の移動における危険性や設備利用における困難が高まりました。一九七〇年「心身障害者対策基本法」が施行されると、車いす利用者のためのスロープやエレベーター、視覚障害者が自分で歩けるようになるための点字ブロックなどが設置されるようになりました。これは、当事者や支援団体が団結し、障害の社会モデルの側面を粘り強く伝える運動を繰り広げた結果勝ち取ったものです。

医学モデル①「平均聴力」による分類

まずは、聴覚障害を医学モデルから説明します。

医学モデルにおける聴覚障害は、「どれくらいの音から聞こえないのか」という視点で分類されます。

音の強さの単位はdB（デシベル）で、通常の聴力であれば二〇dB（置時計の秒針が進む音を一m離れたところから聞く）程度の音も容易に認識できます。日本聴覚医学会は、dBを単位として算出される「平均聴力レベル」に応じて「軽度難聴」「中等度難聴」「高度難聴」「重度難聴」の四段階で区分しています（表1－5）。

さらに、平均聴力レベルが七〇dB以上からは障害者総合支援法の対象となり、そのレベルごとに障害者手帳の等級が定められています。聴覚障害のもっとも高い等級は二級とされています（実際は、重複障害などを考慮し一級とされることもあります）。

医学モデル②「聞こえない原因」による分類

次に「聞くための器官のどこに原因があるのか」という視点からの分類です。図1－1は日本耳鼻咽喉科学会ホームページからの引用です。

<table>
<tr><th>平均聴力レベルの範囲による分類</th><th>障害者手帳等級</th></tr>
<tr><td>軽度難聴　25dB 以上 40dB 未満
小さな声や騒音下での会話の聞き間違いや聞き取り困難を自覚する。会議などでの聞き取り改善目的では、補聴器の適応となることもある。</td><td></td></tr>
<tr><td>中等度難聴　40dB 以上 70dB 未満
普通の大きさの声の会話の聞き間違いや聞き取り困難を自覚する。補聴器の良い適応となる。</td><td></td></tr>
<tr><td rowspan="2">高度難聴　70dB 以上 90dB 未満
非常に大きい声か補聴器を用いないと会話が聞こえない。しかし、聞こえても聞き取りには限界がある。</td><td>6級　両耳各 70dB ～ *1
40 センチメートル以上の距離で発声された会話語を理解し得ない。</td></tr>
<tr><td>4級　両耳各 80dB ～ *2
耳介に接しなければ話声語を理解し得ない。</td></tr>
<tr><td>重度難聴　90dB 以上
補聴器でも、聞き取れないことが多い。人工内耳の装用が考慮される。</td><td>3級　両耳各 90dB ～
耳介に接しなければ大声語を理解し得ない。</td></tr>
</table>

表1－5　聴力による分類と障害者手帳等級

日本聴覚医学会「難聴（聴覚障害）の程度分類について」、身体障害者障害程度等級表より作成

＊1　これ以外に「一側耳の聴力レベルが 90 デジベル以上、他側耳の聴力レベルが 50 デシベル以上のもの」がある

＊2　これ以外に「両耳による普通話声の最良の語音明瞭度が 50% 以下のもの」がある

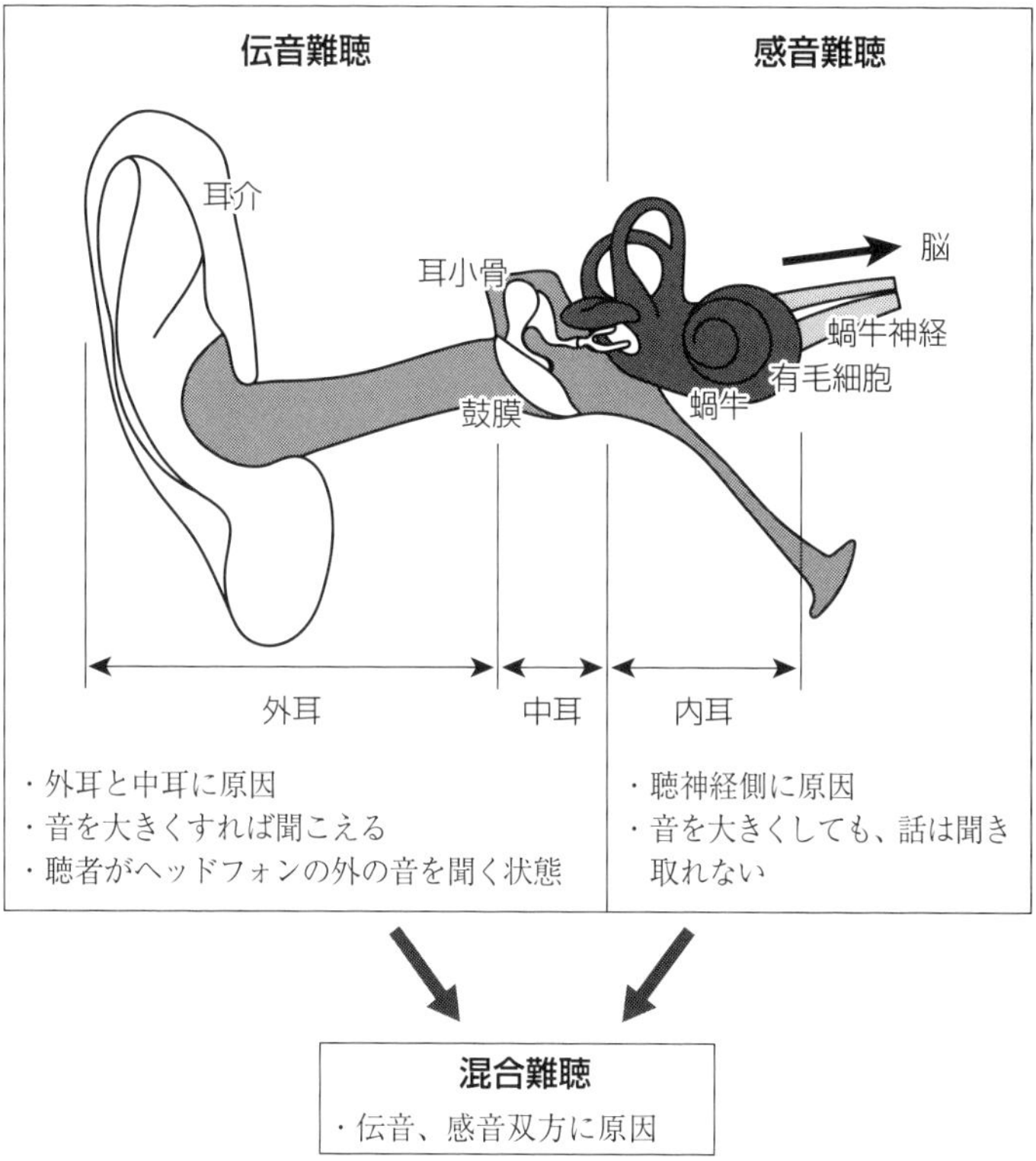

図1－1　耳の器官と難聴の種類

日本耳鼻咽喉科学会ホームページより作成

聴覚の器官は主に「外耳《がいじ》」「中耳《ちゅうじ》」「内耳《ないじ》」に区分できます。外耳は音を鼓膜で受け止め、中耳は鼓膜の振動を内耳の蝸牛《かぎゅう》という器官に伝え、蝸牛が電気信号に変換し蝸牛神経を通じて脳に伝えます。

空気振動である音は鼓膜を通じて中耳まで物理的な振動として伝わります。この外耳から中耳に至るまでの部分に異常があることによる難聴は「伝音難聴」といいます。また、電気信号として脳に伝えるのは内耳にある蝸牛の役割であり、この異常による難聴は「感音難聴」と呼ばれます。さらに、伝音と感音両方に異常がある場合を「混合難聴」といいます。

伝音難聴は、空気振動の受け止め方に問題があって生じることから、振動を大きくする、すなわち音を大きくすることで聞こえ方が改善することがあります。このために耳に装着して音を増幅する機械が「補聴器」です。補聴器は伝音難聴に有効な装置です。

一方、蝸牛に異常がある感音難聴では、いくら音を増幅しても聞こえ方が改善されません。感音難聴を改善するものとしては、蝸牛に代わる人工内耳という装置を手術で頭に埋め込むという治療があります。これは、外部の音を人工内耳に電気信号として送ることで、鼓膜を介さず直接脳に伝えるというものです。しかし、環境音は聞こえても、音声を音声として完全には認識できない場合もあります。

対象	平均聴力	障害等級	原因による分類
ろう児A	70dB	6級	伝音難聴
配慮方法	別室でテロップまたは強音放送		
ろう児B	60dB	対象外	感音難聴
配慮方法	一般と同室。座席をスピーカー近くに配置		

表1－6　日本英語検定協会「障がい等ある方への、受験上の配慮について」

「平均聴力」と「聞こえない原因」の関係

このように、平均聴力で聞こえなさの程度を分類しても、それを改善するための手法は原因によって違います。単純に音を大きくすればいいということではありません。

ろう教育および社会言語学の研究者で公立ろう学校教員の中島武史《なかじまたけし》は著書『ろう教育と「ことば」の社会言語学』（生活書院、二〇一八年）で、英検リスニング試験の配慮を例に対応の難しさを述べています（表1－6を参照）。

英検リスニング試験における配慮は「障害等級が六級程度より重度の聴覚障がい者」とされています。ここで平均聴力が七〇dBで伝音難聴の児童Aと、平均聴力が六〇dBで感音難聴の児童Bがいるとします。児童Aは障害者手帳六級であり、児童Bは障害者総合支援法の対象外です。

この場合、伝音難聴のろう児Aは別室でボリュームをあげるかテロップを見ることでリスニングテストを受けます。一方、感音難聴のろう児Bは一般受験者と同室となりますが、スピーカーの付近で受験するなど多少でも音が大きく聞こえる配慮があります。しかし前述のとおり、これは感音難聴に対する聞こえの改善にはなっておらず、待遇においてテロップを見ることができるろう児Aと著しい差が生じています。

「英語リスニング」から私たちも「感音難聴」の気持ちを理解してみる

中島は前述の著書で、感音難聴に対して音を大きくすることについて、「意味の聞き取りにくい状態の音の塊が大きくなるわけであり、必ずしも意味を取りやすくなったとはいえない」（八三頁）と述べています。しかし聞こえる人がこの困難さをイメージするのはとても難しいものです。

ここでは、ろう児にとってリスニングテストがどんなものなのか聞こえる人たちが想像できるように、「英語で書かれたかんたんな算数の問題を、リスニングして計算する」例を考えてみます。聞こえる人（子ども）は、この問題を、

・聞くことができ、英語がどの音かはわかる
・しかし英語が苦手であれば、言葉として認識するのは難しく、計算できない

ということがイメージできます。
一方、感音難聴や混合難聴の人（子ども）は、

・聞き取りにくい状態の音の塊を大きくする（増幅する）
・その音の塊から英語の音を拾う
・さらに言葉として認識する。それでも英語が苦手なら計算するのは難しい。

という、聞こえる人でも認識しにくい英語を、さらに不利な状況で認識することを求められることになります。これは感音・混合難聴の人（子ども）にとって英語に限ったことではなく、日本語を聞き取るときの困難さも同じ理屈で説明できるのです。人間の聴覚はさまざまな音の振動を受け止めるだけでなく、言語の部分を抽出して意味として理解するという極めて高度なものです。ただ音を大きくしても、感音・混合難聴への解決にはならないのです。

「いつ聞こえなくなったか」による分類

次は、ろう教育の観点から、「聞こえなくなったのは音声言語を獲得する前か後か」とい

	聴覚障害になった時期	
	音声言語獲得前	音声言語獲得後
日本語	**聴覚障害者**	
	難聴者	中途失聴者
	充分聞き取れず、話せない	聞き取れないが、話せる

図1－2　聴覚障害になった時期による分類

う視点からの分類です（図1－2）。

まず、音声言語（ここでは音声日本語）を獲得した後に耳が聞こえなくなった人を「中途失聴者」といいます。中途失聴者の特徴は、「聞き取れないが、話せる」人が多いということです。失聴しても日本語および発音の方法は失われないことから、自分の声は聞こえなくても聞こえる人が理解しやすい自然な発話が可能であり、日本語の読み書き（書記日本語）にも問題はありません。また、聞こえる人の唇の動きから言葉を読み取る「読話」の習得も、すでに豊富な語彙があるという点で有利です。

一方、音声日本語を獲得する前、すなわち生まれつきまたは幼少のころに聴力に問題を抱えた人（子ども）は「難聴者（児）／ろう者（児）」と言います。難聴者は他者の声を十分聞き取れない上に、自分の声も聞こえないことから、話すことにも困難があります。音声なしで日本語を獲得することは大変困難であるため、読み書きにも苦労することになります。

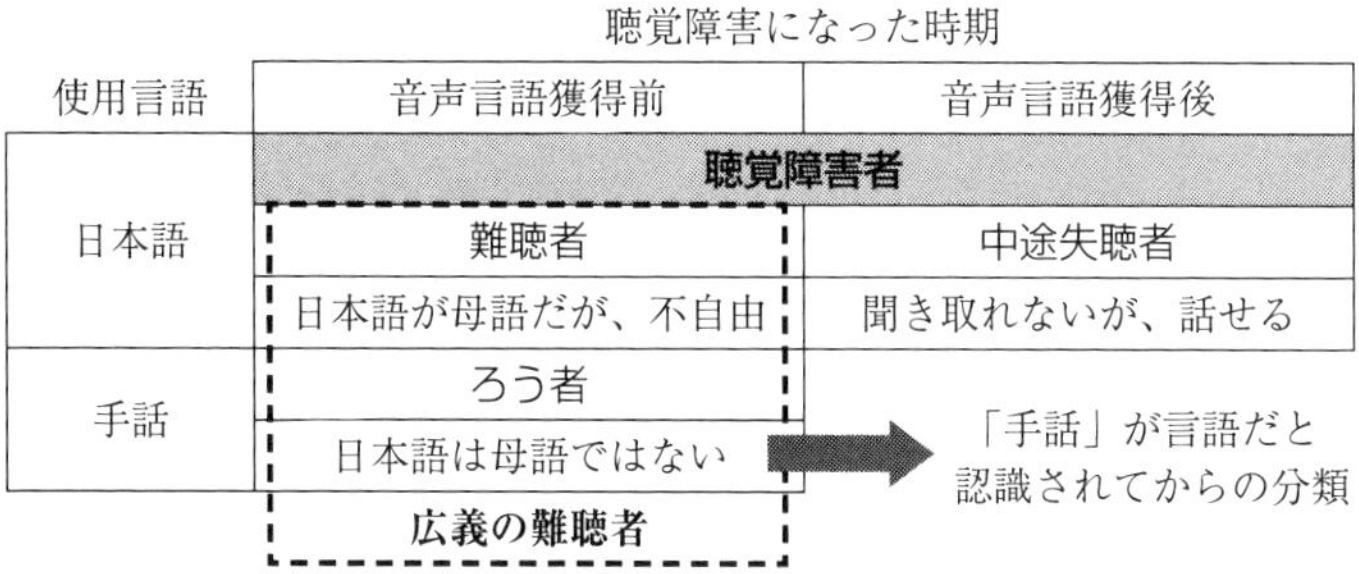

使用言語	音声言語獲得前	音声言語獲得後
	聴覚障害者	
日本語	難聴者	中途失聴者
	日本語が母語だが、不自由	聞き取れないが、話せる
手話	ろう者	「手話」が言語だと認識されてからの分類
	日本語は母語ではない	
	広義の難聴者	

図1－3　聴覚障害になった時期と、母語による分類

「いつ聞こえなくなったか」+「母語は何か」による分類

生まれてきた子どもが生活のなかで最初に獲得する言語、すなわち「**母語**」は、どんな言語であろうと、その後の成長と人格形成において非常に重要な存在です。ここでは音声言語を獲得する前から聴覚障害のある難聴者にとって、「母語は何か」という視点を加えて分類してみます。図1－3では、聴覚障害者のなかで、手話を母語としている人を「ろう者」として分類しています。なお、一般のろう教育の現場では八〇dB以上の高度・重度難聴を「ろう者（児）」と言うことが多く、母語という観点はありません。「ろう者」の定義は視点や立場により違い、アイデンティティにもかかわる複雑なものです。本節で記す分類は単純に母語が何かという視点で区分したものです。

手話を母語として獲得するためには、家族にろう者がいるか、ろう学校などろうコミュニティで育つ必要があります。

しかし近くにろう学校がなく一般校に通ったり、手話を使わないろう学校に行ったりしたことで、手話を母語として使えない聴覚障害者も大勢います。このような人は一般に日本語が母語ですが、聞こえる人と同様に使いこなすのは困難なケースが多いです。

難聴の子どもが生活のなかで習得できる母語は「手話」です。しかし手話は長く「手真似・猿真似」などとさげすまれる存在であり、音声言語の教育において邪魔なものとして、ろう教育から徹底的に排除されました。この時期に学校教育を受けたろう者は手話も日本語も十分に定着していない状態にある人が多く、現在に至るまで社会生活に大変な支障が及んでいます。

手話が言語だと認識されるようになったのは一九六〇年ごろからであり、徐々にろう学校などでも手話を併用した教育が行われてきました。しかし現在に至るまで公教育におけるろう教育の目標は「日本語の獲得」であり、あくまで「音声日本語」でのコミュニケーションを成立させることに重点が置かれてきました。このことが、ろう児・ろう者にとって大きな問題となってきました。この辺りは後の章で詳しく述べます。

聴覚障害を社会モデルで考えてみる

最後に、聴覚障害を社会モデルで説明します。

先程紹介した車いす利用者のように「移動」に壁がある障害について、社会モデルで考えることは比較的容易です。それでは聴覚障害のように、コミュニケーションに関係する障害についてはどうでしょうか。

先ほど母語をもとに分類したように、聴覚障害には言葉の問題がつきまといます。聴覚障害を社会モデルで考えるときには、「言語障害」の側面から見ることも重要です。

文部科学省では、「障害に配慮した教育」において、聴覚障害と言語障害をそれぞれ次のように定義しています（傍線筆者）。

聴覚障害：身の回りの音や話し言葉が聞こえにくかったり、ほとんど聞こえなかったりする状態

言語障害：発音が不明瞭であったり、話し言葉のリズムがスムースでなかったりするため、話し言葉によるコミュニケーションが円滑に進まない状況であること、また、そのため本人が引け目を感じるなど社会生活上不都合な状態であること。

これらの障害を社会モデルで見ると、どうなるでしょうか。

聴覚障害は、案内放送など、生活に必要な情報が日本語の音声だけで提供される場合が多

いことが、障害の原因ともいえるでしょう。次に、言語障害の定義の傍線部分に注目してみます。「コミュニケーション」の円滑さの問題は、相手がその発音やリズムを不自然なものとして受け入れないことにも原因があります。また、本人が引け目を感じるのも、独特のコミュニケーションの形を受け入れない社会側の問題といえます。

そして、この定義を見ると、聴覚障害児の発話は、自分自身の発音を十分認識できないことから発音が不明瞭であるなど、言語障害にも当てはまることがわかります。

これらのことから、聴覚障害を社会モデルで定義し直すと、次のようにいえるのではないでしょうか。

〈社会モデルの視点から見た聴覚障害の定義〉
聴覚障害の面：人や社会の発する情報の多くが音声日本語に頼っていることによる不便な状態
言語障害の面：人や社会が異なるコミュニケーションの形を受け入れず、一方的に当事者に引け目を感じさせる、生活上理不尽な状態

「公平な耳」を持つ

特筆すべきは、この聴覚障害と言語障害の社会モデルに基づく説明は、国内で生活する外国人など日本語を母語としない人にも当てはまるということです。言語・コミュニケーションに壁がある人には、医学モデルと無関係な人もいるということです。

逆にいえば、手話を含むさまざまな言語による情報保障や、日本語のさまざまな形に寛容な社会を作ることで、障害とされてきたことが、そもそも障害ではなくなるということもあるでしょう。

やさしい日本語研究の第一人者である一橋大学の庵功雄《いおりいさお》教授は、「公平な耳を持つ」というキーワードで、日本語母語話者の規範（手本）をはずれた言語のあり方に寛容になることの重要さを主張しています（『これからの日本社会と〈やさしい日本語〉』二〇一九年）。庵の著書でも引用されている、土岐《とき》哲《さとし》の文を以下に紹介します。

日本の大手自動車会社の工場長がタイからの技術研修生に会った時、「わたチ…じどうチャ…」などと話しているのを聞いて、引率の日本人に、この人達は本当に仕事ができるのか」と心配そうに言ったというが、これなどは、「わたチ」や「じどうチャ」などという発音の仕方が、日本語では幼児の話し方に似ているところから、勝手に人格や能力の判断にまで結び付けて出された反応であったと先ずは解釈できよう。

（土岐哲「聞き手の国際化」一九九四年、七八頁）

このように外国人が不慣れな日本語で話す際の印象がその能力評価まで支配する現象は、方言で話す地方出身者にも向けられ、そして聴覚障害・言語障害の人たちにも向けられてきました。「公平な耳」を持つことは決して容易なことではありません。これは社会が生み出している障害であると考え、広く教育や啓発によって解決すべきことがらと言えるでしょう。

本章では主に障害という大きな枠組みから聴覚障害者について整理してきました。そのなかで、母語としての「手話」という視点を加えました。音声日本語とは別の言語を母語とするろう者は、日本人からの偏見や差別を受ける、国内に住む外国人と同様の境遇に置かれてきました。次章ではろう者に対するさまざまな人権侵害について見ていきます。

第二章

ろう教育における「手話禁止」の歴史

1　ろう者が受けてきた差別

法律でも差別されてきたろう者

ろう者は、おどろくほど最近まで法律上でも差別的な待遇を受けてきました。

現在では削除されている刑法第四〇条では「イン唖者の行為は之を罰せす又は其刑を減軽す」、つまり聞こえず言葉が話せない者は責任能力がないので、罰しないか刑罰を軽減すると定められていました。差別的条項として当事者団体が抗議運動を続けた結果、一九九六（平成八）年に削除されました。

さらに、改正前の民法第一一条（準禁治産者）では、「心神耗弱者、聾者、唖者、盲者及び浪費者は、準禁治産者として之に保佐人を附することを得」と定められており、ろう者は財産を自分で十分管理できないものとして、住宅ローンを組んだり家業を継いだりすることが自由にできませんでした。これも一九七九（昭和五四）年に改正され解消されました。

また、ろう者は自動車運転免許を取得できませんでした。一九六八年から始まった「運転免許獲得大運動」以降、当事者団体の粘り強い運動の結果、一九七三年には補聴器装着を条件にした警察庁通達、そして二〇〇六（平成一八）年には全く耳が聞こえなくても免許取得可能との通達が出されています。二〇一七年には羽田空港リムジンバスにろう者のバス運転手が誕生し、話題になりました。

旧優生保護法による強制不妊手術

終戦直後の国内人口急増を背景に、一九四八（昭和二三）年、議員立法により全会一致で「優生保護法」が可決されました。この法律の第一条には「優生上の見地から、不良な子孫の出生を防止するとともに、母性の生命・健康を保護することを目的とする」とあり、障害だけでなく素行が「不良」と認められた人などに対して、幅広く強制不妊手術が行われていました。この手術を行うにあたっては、本人に十分な説明もなく、親や兄弟以外にも役所や学校などが本人をだまして手術台に乗せるといったことが行われました。

戦後最大級の人権侵害とも言われている旧優生保護法は、一九九六（平成八）年に母体保護法として改正されるまで、約二万五〇〇〇人もの人に不妊手術をしていました。自分が不妊手術を受けていることを配偶者に言えず悩んだ人もたくさんいました。また聴覚障害者に対しては、日本語での意思疎通が十分でないことから、情報提供を全くせずに手術した例もありました。

その後二〇一八年に宮城県で優生保護法の被害者による初の国家賠償訴訟が始まり、支援団体や弁護団の協力もあり、東京、北海道と訴訟が広がっていきました。二〇一九年には議員立法で「旧優生保護法に基づく優生手術等を受けた者に対する一時金の支給等に関する法律」が成立し、被害者に一律三二〇万円が支給されることが決まっています。しかし、前述の国家賠償訴訟の判決では優生手術の違憲性は認められたものの、時の経過によって権利が消滅する「除斥期間」を適用し、被害者から国への賠償請求は退けられました。

「優生思想」、すなわち優秀な人間を増やし、劣った人間を排除するという考え方は古くから人類に存在します。象徴的なのは「アーリア人が世界で一番優秀、もっとも卑劣なのがユダヤ人」としたナチスドイツでしょう。

数々の戦争・愚行の歴史を経て、現代では人権は誰でも生まれながらに有するものという考えが一般的になりましたが、身近なところでもまだ偏見や差別が存在することも事実です。旧優生保護法全国弁護団で活躍している藤木《ふじき》和子《かずこ》弁護士は、聴覚障害のある弟がいることから、障害者本人だけでなく、その兄弟姉妹の立場をひらがなの「きょうだい児」と呼び、旧優生保護法被害者の支援をしながら、自ら手話を習得した上で、ろう者を中心とした当事者およびその家族のための活動に取り組んでいます（写真）。

旧優生保護法全国弁護団の訴え
弁護士藤木和子noteの記事より（2018年6月8日）

教育の場での手話を禁じた一八八〇年「ミラノ会議」

そして、ろう者への迫害は彼らの言葉にも及びました。

ろう児を学校教育の場で教育しようという動きは、一八世紀後半のイギリス、フランス、ドイツで始まったと言われています。フランスの哲学者・神学者のシャルル・ミシェル・ド＝レペは、パリにはじめてのろう学校を作り、そこで発生した手話をもとにしたろう教育を始めました。一方ドイツでろう学校を設立したザムエル・ハイニッケは、ジェスチャーを排除する**口話《こうわ》法《ほう》**、すなわち口の動きを読み取らせることで音声言語を獲得する手法を採用しています。

一九世紀に入り、手話法派と口話法派が長く議論を戦わせましたが、一八八〇年ミラノで開催された第二回ろう教育国際会議で、「口話法のほうが優秀であり、手話を教育の現場から禁止する」とする決議が採択されました。このときの八つの決議のうち、三つを紹介します。

1. The Convention, considering the incontestable superiority of articulation over signs in restoring the deaf-mute to society and giving him a fuller knowledge of language, declares that the oral method should be preferred to that of signs in education and the instruction of deaf-mutes. Passed 160 to 4

1、本会議は、ろうあ者を社会に復帰させ、言語の完全な知識を与える上で、手話よりも音声言語のほうが、文句のつけようがないほど優れていることを考慮し、聾唖者の教育及び指導は、手話よりも口話を優先すべきであることを宣言する。一六〇対四で可決。

2. The Convention, considering that the simultaneous use of articulation and signs has the disadvantage of injuring articulation and lip-reading and the precision of ideas, declares that the pure oral method should be preferred. Passed 150 to 16

2、本会議は、音声言語と手話の同時使用は、調音と読話および内容の正確さを損なう欠点があることを考慮して、純粋な口話法を優先すべきであることを宣言する。一五〇対一六で可決。

8. b) That these pupils should be absolutely separated from others too far advanced to be instructed by speech, and whose education will be completed by signs. Motion Carried.

8、b）（新しく口話で教育を受ける）生徒は、手話教育が進みすぎて手話で教育を終了することになる生徒と断じて分離されるべきである。動議可決。

（原文はWikipedia「Second International Congress on Education of the Deaf」。抄訳、傍線は筆者による）

この決議により、手話は排除されるものとして位置付けられ、ろう教育の場から消えました。しかしその後もろう児・ろう者は、自分たちのコミュニティで教師に見つからないようこっそり手話で話し、手話を伝承していったのでした。

後に欧米からろう教育を学んだ日本でも、ろう学校から手話が消えていきます。

2　日本のろう教育の歴史

京都盲啞院と「手勢法」

第一章で述べたとおり、日本でのろう教育は明治時代に入ってからの篤志家の活動から始まり、一八七八（明治一一）年古河太四郎が設立した京都盲啞院が最初のろう学校（盲学校）となりました。フランスやイギリスに比べて約一〇〇年遅れのろう学校設立でした。

京都盲啞院では筆談に加え、指文字や手真似など手指を使った「手勢法《しゅせいほう》」という方法で教育が行われました。手勢法について古河は「平常啞の互談する所に注目し、其意を酌み其義を量り、以て解義を施行すべし」、つまり「ろう者が日常的に談話するところに注目し、その意味を汲み取り推し量ることで、〔ろう者の言いたいことを〕理解しなければいけない」と述べており、ろう児の間で自然発生的に使用されている手話に注目していることがわかります。さらにこの手勢を「在来手勢」とした上で、抽象的な概念を含めさまざまな言葉を翻訳した「示諭手勢」を導入して教育に活用しています。（本節は八木三郎「手話と聾教育」二〇〇

五年、七八頁を参照）

口話法の席巻と手話の禁止

このように、一八七八年にはじまった日本のろう教育は、ろう児の言葉にも注目した手勢法から始まりましたが、世界的には一八八〇年のミラノ会議で口話法の絶対視化が採択されていました。しかしながらその動きはすぐには日本には伝わらず、各地の学校や寄宿舎でのろう児コミュニティ形成と、ろう教育関係者の尽力の結果、日本における独自手話が徐々に確立していきました。

日本で口話法による教育が本格的に取り入れられたのは、大正時代のことです。アメリカの宣教師ライシャワーが、幼少時に失聴した自身の娘にも日本で口話法を使って学ばせたいと、一九二〇（大正九）年に自ら日本聾話学校を設立し、日本における口話法によるろう学校の先駆けとなりました。

一九一九年、近江商人の西川吉之助《にしかわよしのすけ》は娘の濱子《はまこ》に聴覚障害があることを知ると、海外の口話法を独学で学び、濱子に対して徹底的な読話・発話教育を行いました。吉之助の信念は「聾であっても唖ではない」、つまり「聞こえないからといって、話せないということはない」ということでした。驚くほどの成果があがり、吉之助と濱子は一九二五年「日本聾口話普及会」を設立し、口話法の啓発活動を始めました。これを知ったNHKが一九二七（昭和二）年にラジオで取り上げると、アナウンサーが濱子の健気さに涙声になるなどの内容で大変な反響が起き、このようなことができるならぜひやるべきだと、口話法の存在が全国に広がりました。一九二八年に西川吉之助は滋賀県立聾話学校の校長に就任しています。

日本においても口話法の評判が広がっていくにつれ、関係者からも全国のろう学校で口話法を導入すべきという動きが起きました。一九三三年に、当時の鳩山一郎《はとやまいちろう》文部大臣が「口話指導に力を入れるべき」という訓示（「鳩山訓示」）を出したことから、日本でもろう教育は口話法一色となり、ろう教育の場で手話は禁止されました。

母語の形成が不十分に

手話の禁止は「手真似に依存すると音声言語を習得する上で邪魔になるから」という、当時のろう教育者によるパターナリズム（父権主義）といえますが、これは「手真似などに頼っていたらまともな人間になれない」という発想でもあり、かつての帝国主義国が植民地支配のなかで行ってきた言語政策にも似ています。

当時の口話法による教育はスパルタ式ともいえる大変厳しいものであり、多くのろう児がついていけるものではありませんでした。手話を獲得する機会もなく、口話法にも失敗したろう児は、人格形成に極めて重要な母語の十分な形成ができず、社会生活や人間関係構築に多大な不利益を被ってきました。

日本においてはミラノ会議から五〇年以上経ってからの手話禁止でしたが、その間に日本独自の手話が確立していたのは幸いなことでした。そしてろう児・ろう者たちは、自分たちのコミュニティで細々と手話を伝承していきました。

3　言語権と手話

言語権とはなにか

ろう者には、手話という言葉を使用する権利があります。自分自身の言葉を使用する権利は、「言語権」と呼ばれています。

第二次世界大戦が終わった一九四五年に国際連合が成立、国連憲章に定めた「人権及び基本的自由の尊重及び遵守を助長するため」に、一九四六年国連人権委員会が設置され、「国連権利章典」の起草に着手しました。この章典は「人権宣言」「人権規約」および「その実施措置」を含むものとされ、まず一九四八年に一番大きな枠組みである「世界人権宣言」が採択されました。この宣言では差別を受けてはならない対象として、皮膚の色・性別などに並んで「言語」が含まれました。

その後約三〇年を経て、一九七六年に「国際人権規約」が発効しました。国際人権規約における「B規約（市民的及び政治的権利に関する国際規約）」第二七条では言語に関することを次のように定め、いわゆる「言語権」の根拠となっています。

第二七条
種族的、宗教的又は言語的少数民族が存在する国において、当該少数民族に属する者は、その集団の他の構成員とともに自己の文化を享有し、自己の宗教を信仰しかつ実践し又は自己の言語を使用する権利を否定されない。

一九九二（平成四）年に採択された「民族的又は種族的、宗教的及び言語的少数者に属する者の権利に関する宣言（少数者の権利宣言）」は、言語的少数者が自己の言語を使用する権利を有し（第二条の一）、その母語を学ぶ適当な機会を作ることを国家がとるべき措置としています（第四条の三）。

このように言語に関する権利が明記されたのは、それまでの植民地支配と帝国主義の歴史が、植民地に宗主国の言語を押し付けてきたことが背景になっています。支配を受けた多くの民族からなる国々が独立し、国民が民主的な方法で国づくりに参加するためには、それぞれが理解できる言語を保障する必要があります。国を取り戻すことは、言語を取り戻すことでもありました。

しかしながら、ろう者と手話がこれらの「言語的少数民族・少数者」の枠組みに入るのは、のちに手話が言語だということが学術的にも社会的にも認められてからでした。

「手話は言語である」という発見と「ろう文化」

一八八〇年、ミラノ会議での口話法採択で、ろう教育の場から手話が消えました。

ミラノ会議から八〇年の年月が経った一九六〇年ごろ、聴覚障害者のための大学であるアメリカのギャローデット大学（Gallaudet University）の研究者であるウィリアム・ストーキー教授が論文「手話の構造」で、「『アメリカ手話』には言語と同じ構造がある」と発表しました。この論文をきっかけに、手真似とさげすまれていた手話は実はれっきとした言語なのではないかと、言語学者を中心に研究が進められました。

手話が言語であるという代表的な研究として「ニカラグア手話」の発見があります。一九八〇年ごろ、革命直後の中米ニカラグアに設立されたろう学校に約四〇〇人の少年少女が集められ、スペイン語の識字教育が始まりました。旧東ドイツから招かれた教師たちが読話を教えましたが、思うような成果はあがりませんでした。一方で生徒たちは独自の手話によるコミュニケーションを行うようになり、言語学者の研究によりそれが言語の初期段階（ピジン言語）であることが発見されました。その後も生徒たちによって豊富な語彙と細分化された文法をもつ言葉に発展し、「ニカラグア手話」と呼ばれるようになりました。これは手話が言語であるという確固たる証拠とされています。この様子は英国ＢＢＣの“**How Nicaragua's deaf children invented a new sign language**”（「ニカラグアのろう児たちはどうやって新しい手話を発明したか」）という特集番組で放送され、大きな反響を呼び起こしました。

このように、一九六〇年にストーキーが「手話の構造」を発表して以来、さまざまな言語学者が研究を進め、手話が言語であることは一般的な認識となりました。ろう者は誇りをもって手話を使うようになり、**ろう者というアイデンティティを持つ集団**となっていきました。米国ギャローデット大学の学生・卒業生が中心となって、ろう者を「手話を使う言語的少数派である」と定義し、耳が聞こえないという形容詞である「deaf」の頭文字を大文字にした「**Deaf**」という言葉で自らを表し、「ろう社会（Deaf Community）」や「ろう文化（Deaf Culture）」の存在を主張するようになりました。一九八八年には学生たちがろう者の学長を採用するよう求めた「DPN（Deaf President Now／今こそろう者の学長を）運動」が起こり、若いろう者たちの権利意識が関係者の間で広く知られるようになりました。

このギャローデット大学は、一八五七年にアメリカ、ワシントンD.C.に設けられたコロンビア聾唖教育施設を母体として一八六四年に創立されました。学内のコミュニケーション手段はアメリカ手話（American Sign Language/ASL）と書記英語（English orthography）であり、**Signed English**（手指で表された英語）は公式には使われません。ろう者の権利運動のリーダーや社会的に活躍している人物を多数輩出しています。世界中からろう者の留学生を受け入れており、さまざまな国のろう者とともにろうのアイデンティティを育んだ留学生たちは、自国に戻ってろう社会・ろう文化という考えを広めていきました。ネットフリックスはギャローデット大学を舞台としたドキュメンタリー「ろう者たちのキャンパスライフ」を放送しています。

手話が初めて国際的に言語として認められたのは、二〇〇六（平成一八）年に国連で採択された「障害者の権利に関する条約」に、「〔言語とは〕音声言語及び手話その他の形態の非音声言語をいう」という定義が盛り込まれたときだとされています。

同二〇〇六年、ニュージーランドでニュージーランド手話を公用語として位置付ける法律が制定され、世界で初めて手話を公用語とする国となりました。その後欧州議会でも手話を認知する法律奨励を決議し、スウェーデン、デンマーク、フィンランド、ノルウェー、アイルランド、ポルトガル、ギリシャなどで、手話を言語として規定する法律が定められています。アジアでは韓国やフィリピンで制定されています。

手話が復権した二〇一〇年「バンクーバー会議」

では、学校教育における手話は、手話が言語として認められると共に回復されたのでしょうか。

ストーキーらの研究が注目された一九六〇年代は、一八八〇年ミラノ会議の手話禁止決議からすでに八〇年以上も過ぎており、ろう教育の現場からろう教師は一掃され、聞こえる教師は手話に関する知識も関心もなくなっていました。

また手話が言語だと認められたとしても、ろう教育の目標は変わらず（その国における主要な）音声言語を習得することであり、ろう教育関係者間で大きく注目されることはありませんでした。

一九八〇年代になると、言語学者や第二言語教育の研究者を中心に、ろう者に対して手話と音声言語の両方を習得させるバイリンガルろう教育が研究されるようになりました。これはやがて、スウェーデンなどでろう教育における手話法の再評価につながっていきます。

そして、前項で紹介したろう者の権利意識の高まりと、言語学者などの研究や支援団体の働きかけにより、世界のろう教育関係者も認識を新たにし、口話法一辺倒であるろう教育の弊害だけでなく、手話を奪ってきた歴史を反省することになりました。

　こうして、ミラノ会議から一三〇年が経った二〇一〇年、カナダのバンクーバーで開催された第二一回ろう教育国際会議で、ミラノ会議の決議の非を認め、謝罪し、全面撤回する決議が採択されました（バンクーバー会議）。以下、英文と和訳を引用します。

In 1880 an international congress was held in Milan to discuss education of the Deaf. At that time, the members passed several resolutions that affected the education and lives of Deaf people around the world. The resolutions:

一八八〇年、ミラノで国際会議が開かれ、ろう者の教育が討論された。当時の参加者は、世界中のろう者の教育と生活に影響を与えることになるいくつかの決議を行った。この決議によって、次の事項が生じた：

1. Removed the use of sign languages from educational programs for the Deaf around the world

1、世界中のろう者のための教育プログラムで手話の使用が排除された。

2. Contributed detrimentally to the lives of Deaf citizens around the world;

2、世界中のろう市民の生活に不利益がもたらされた。

3. Lead to the exclusion of Deaf citizens in educational policy and planning in most jurisdictions in the world;

3、世界の多くの地域や国々の教育上の施策や立案における、ろう市民の排除につながった。

4. Prevented Deaf citizens from participation in government planning, decision-making, and funding in areas of employment training, retraining and other aspects of career planning;

4、就業訓練、再教育などキャリア開発の分野で、政府の立案、政策決定、財政的援助にろう市民が参加できなくなった。

5. Hindered the abilities of Deaf citizens to succeed in various careers and have prevented many of them from following their own aspirations; and

5、ろう市民がさまざまなキャリアで成功する能力を阻み、多くのろう者が自分の夢を追いかけることができなくなった。そして、

6. Prevented the opportunity for many Deaf citizens to fully demonstrate their cultural and artistic contribution to the diversity of each Nation.

6、多くのろう市民が、自分の文化や芸術性を十分に発揮して各国の多様性に寄与する機会を阻んだ。

Therefore we:

1. Reject all resolutions passed at the ICED Milan congress in 1880 that denied the inclusion of sign languages in educational programs for Deaf students;

ゆえに私たちは

1、ろうの児童生徒の教育プログラムにおける手話の使用を禁じた一八八〇年ミラノ会議の決議をすべて退ける。

2. Acknowledge and sincerely regret the detrimental effects on the Milan conference; and

2、ミラノ会議が及ぼした有害な諸影響を認め、心から遺憾に思う。そして、

3. Call upon all Nations of the world to remember history and ensure that educational programs accept and respect all languages and forms of communication.

3、世界のすべての国家が、歴史を記憶し、すべての言語とあらゆるコミュニケーションの形式を教育プログラムが受け入れ、尊重することを要求する。

（英文はMUSEホームページより、和訳は文部科学省「バンクーバー2010　新しい時代：ろう者の参加と協働」より）

この宣言ではミラノ会議決議で“sign”とされた部分を“sign languages”という言葉で表現し、手話はlanguage（言語）だと明確に位置付けています。

4　日本での「手話禁止」以降の流れ

手話法をやめなかった大阪市立聾唖学校

一八八〇年にろう教育での手話禁止を決議したミラノ会議から、その決議を全面撤回した二〇一〇年バンクーバー会議に至る世界的な潮流のなかで、日本のろう教育はどのように変化していったのでしょうか。

先に述べたとおり、日本における最初のろう教育は、ミラノ会議とほぼ同時期の一八七八（明治一一）年に京都盲唖院で始まり、海外の動きを知る機会も少なかったことから、日本のろう教育は手話の活用から始まりました。しかし一九二七（昭和二）年に西川吉之助・濱子親子の口話法啓発活動がラジオで取り上げられたのをきっかけとして日本のろう教育も急速に口話法に傾き、一九三三年の鳩山訓示で手話が禁止されました。京都盲唖院の設立から約五〇年、ろう者たちが培ってきた手話は大変な逆風にさらされることになりました。

しかし大阪市立聾唖学校は手話法を継続しました。第六代校長の高橋潔《たかはしきよし》は、鳩山訓示があった一九三三年全国盲唖学校長総会の席上で、ろう教育における手話の必要性について次のように演説しています。

> 人間として生まれた喜びを知り、聾唖の子が自分の不具を自覚し、卑屈にならず、愉快に人生を送れるような心を持つようにすることが我々教育者の誠の仕事と信じます。自分の不具を恥じたり、親を怨み、社会を呪うようなことは、教育者として最も恥じなければなりません。ものを言う術《すべ》をいくら教えても、人間として生きる指針を持たない、魂のないものは、人間ロボットです。
>
> 心の問題まで完全に発表できる手話法によってまず人間をつくること、これが教育としての先決問題であると信じます。
>
> 聾唖者は少数であるから、多数なる「正常者」の言語を強要されることに疑問を感じます。最後に申し上げたい。口話に適する者には口話法にて、適さない者には手話法にて、一人の落ちこぼれのない教育、即ち適正《ママ》教《性か》育を最も良しと信じます。
>
> （塩田健夫『遠藤董と盲・ろう教育』二〇〇八年、一六一－一六二頁）

高橋は口話法を否定するのではなく、適さない者には手話法で教育すべきと主張しています。そしてろう児が口話法と手話法のどちらに向いているかを判断した上で教育法を選択する「適性教育（ＯＲＡ教育）」を実践し、口話法一色のろう教育界のなかで大変な議論となりました。コミック『わが指のオーケストラ』（山本おさむ、秋田書店）では、手話抑圧のなかでのろう児たちの気持ちと、高橋の奮闘がいきいきと描かれています。

手話復活に至る動き

手話禁止のまま、日本は一九四五年の終戦を迎えました。新憲法が施行された一九四七年、ろう者の権利向上と手話のある社会を目指し、**一般財団法人全日本ろうあ連盟**が創立されました。そして日本聾唖新聞（現在の日本聴力障害新聞）の発行や、世界のろう者団体との連携、手話の普及などへの取り組みが始まりました。

一九六三年、ろう者である京都府立ろう学校教諭が京都市内の病院に入院したとき、看護担当となった看護学生が仲間に一緒に手話を学ぼうと呼びかけたことから、京都市内に日本で最初の手話学習会となる「みみずく」が結成されました

ろう学校でも変化がありました。口話法一辺倒のろう教育のなかで、一九六八年、栃木県立聾学校は日本語を手指で表現した「同時法的手話」を開発して教育に導入し、大きな議論を呼びました。これは現在のろう教育を知る上で非常に重要なため、詳しくは次章で説明し

ます。

一九六五年、口話教育を行っていた京都府立聾学校高等部で、聞こえる教師によるろう生徒たちへの一方的な非難に対し、生徒たちが学校行事を集団でボイコットするという事態が起こりました。生徒たちは、「学校は学生の意見を聞き、もっとわかる授業をしてほしい」と主張し、口話一辺倒の教育に反発しました。その後、京都府ろうあ協会と同校同窓会が学校側と話し合いを繰り返し、翌一九六六年の三月三日（耳の日）に、人権が守られていないろう教育や成人ろう者への対応改善を求める「三・三声明」を発表しています。

なお、この声明にはろう者と手話の関係を知る上で興味深い点がみられます。三・三声明はろう者の立場から書かれていますが、文中には「手話」ではなく、現在では差別的表現とされる「手まね」という表現が使われていました。日本初の手話サークル「みみずく」の設立と同時期、かつ同じ京都での出来事ですが、当時はまだろう当事者にも「手話」という言葉が定着していなかったことが推察されます。

京都市手話学習会「みみずく」の結成以降、全国各地で聞こえる人がろう者のために手話を学ぶ「手話サークル」が立ち上がりました。これを基盤として、一九七〇年に厚生省から各自治体への補助事業として「手話奉仕員養成研修事業」が始まりました。その後一九七三年に「手話通訳設置事業」、一九七六年には「手話奉仕員派遣事業」が開始しています。このころから、ろう者間で使われる手話と別に、ろう者と聞こえる人のコミュニケーションツールとしての手話が発生していきました。

一九六九年から一九八七年の間、ろうあ連盟による『わたしたちの手話』全一〇巻が刊行されたことで、聞こえる人が手話を学びやすくなりました。ろうあ連盟は一九七八年「手話サークルに対する基本方針」を定め、手話サークルをろう者の生活と権利を守る立場にあるものとして、ろう団体と手話サークルの連携を強化しました。手話サークルはろう者と聞こえる人が対等な関係を築き、ろう者の差別問題解決や社会参加支援を行うにあたって大きな役割を果たしました。

聞こえる人にとって手話が一気に身近になったのは、九〇年代のテレビドラマの影響が大きいでしょう。一九九五（平成七）年、聴覚障害者を主人公とするテレビドラマ「星の金貨」（日本テレビ系列）と「愛していると言ってくれ」（TBS系列）が相次いで放送されると、全国の手話講習会で参加者があふれるなど、手話ブームが起こりました。これにより、手話という言葉を気軽に学んで、ろう者と楽しく話をしたいという若い人たちが大幅に増えました。それまでは、ろう者と聞こえる人が連携してろう者の課題に取り組むために手話を学ぶという考え方が中心でしたが、マスメディアの影響で、ろう者や手話の存在が一般の人にも親しまれるようになっていきました。

このように当事者・支援者の運動・協力を経て、人権意識の向上とともにろう者と手話についても世間の認知が広まりました。これを追い風として、ろう教育の現場でも、栃木県立聾学校の「同時法的手話」をきっかけに、さまざまな形で教育に手話を使用するようになりました。さらに、ろう学校に通うろう児の減少を契機に、ろう学校内部で口話法が万能でないという認識が浸透していくなかで、二〇〇〇年に入ってからは多くの公立ろう学校の現場で手話が併用されるようになりました。そして二〇〇九年に文部科学省が学習指導要領を改定し、ろう学校でのコミュニケーションに手話を明記しました。

ろうあ連盟による「手話言語法」の取り組み

日本では一般財団法人全日本ろうあ連盟（以下「ろうあ連盟」）が二〇一〇年ごろから手話言語法の制定に向けた活動をしており、二〇一六年三月三日には全都道府県・市町村一七八八議会で「手話言語法制定を求める意見書」が採択されました。全国すべての地方議会で採択されたのは憲政史上初めての快挙とされています。（ろうあ連盟「手話言語法の制定へ！」二〇二〇年）

さらに自治体単位で手話言語条例が制定されるようになり、二〇一三年の鳥取県を皮切りに、二〇二一（令和三）年一〇月一日現在で四二〇の自治体（三二道府県／一六区／三〇一市／六九町／三村）で制定されています。

ここで、ろうあ連盟が従来の「手話」から「手話言語」という言い方に転換しているのは、前節で紹介した「手話は言語である」と理解する世界的な流れに合わせたものです。

ろうあ連盟が目指す手話言語法は、どこでも自由に手話が使える社会環境を求めて、次の五つの権利を掲げています。

●手話言語の獲得：手話言語を〝身に付ける機会〟を保障する
●手話言語で学ぶ：ろう者の〝学習権〟を保障する
●手話言語を習得する：手話言語を〝教科〟として学ぶ
●手話言語を使う：手話言語を〝誰でも気軽に使える社会〟にする
●手話言語を守る：手話言語の語いを増やす、保存する、研究する

これらは、聞こえる人にとっての音声日本語が、

●獲得するための環境が生活のなかにある

●学校などでしっかり身につけられる
●日本語を使ってさまざまな知識を身につけられる
●社会で十分に使える
●普及・保存・研究が十分である

ということに対応し、日本社会でろう者も言語面で同様の権利が保障されるべきという考えに基づいています。

日常的に手話を使わない聴覚障害者もいる

ここで補足しておくべきことは、すべての聴覚障害者が手話を使うわけではないという事実です。

これは視覚障害者で点字を日常的に使う人は少ない、という事実に似ています（図2-1）。視覚障害については、大人になってから失明または弱視になる人が大半です。このため、学校で点訳教科書を使って学んだ人は少なく、点字を日常的に活用したり、点訳本を読んだりはしない場合が大多数です。二〇一六（平成二八）年の厚生労働省調査では、点字を使って日常的に情報を入手している視覚障害者は六五歳未満で八・二％、六五歳以上で七・四％

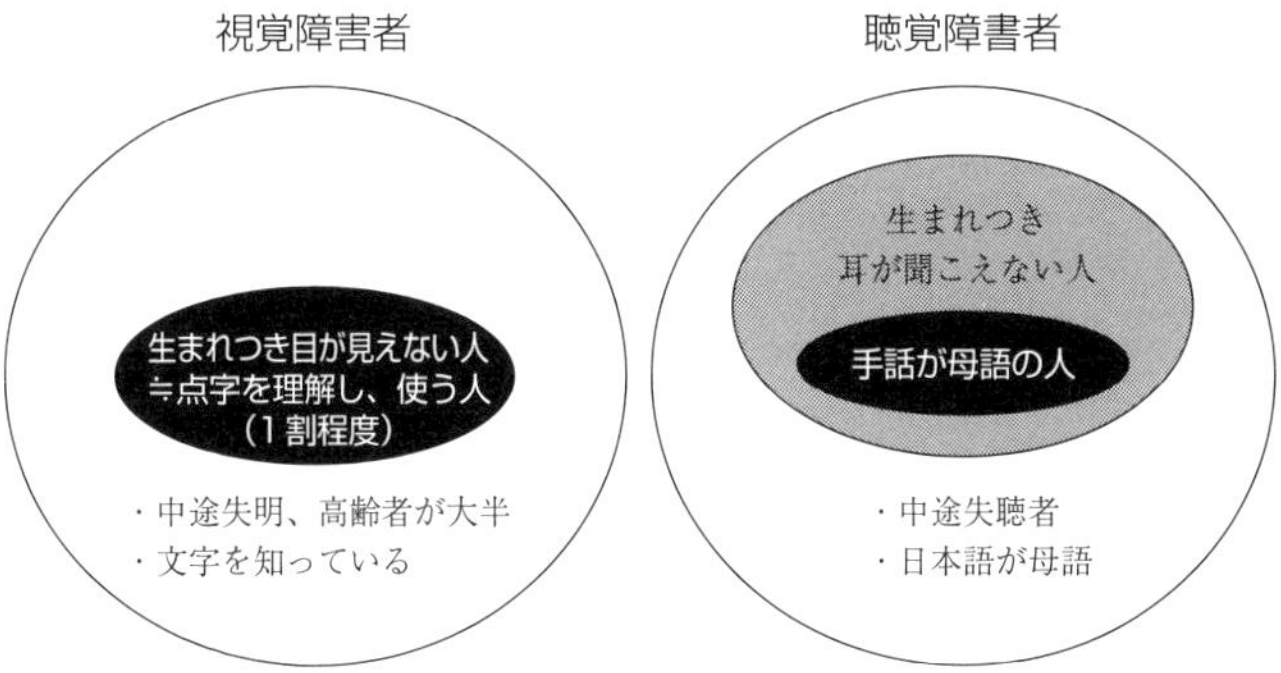

図2−1　視覚障害者にとっての点字と、聴覚障害者にとっての手話

という結果が出ています。（厚生労働省「平成二八年生活のしづらさなどに関する調査〔全国在宅障害児・者等実態調査〕」二八頁）

一方、聴覚障害者も中途失聴者は日本語が母語であり、後から手話を学ぶとしても母語のように操るのは困難です。さらには生まれつき耳の聞こえない聴覚障害者も、先に述べたようにろう教育の現場で手話が禁止された時代が長いことから、そのような時代に教育を受けた人には、手話を理解しない、またはうまく操れない人も多くいます。前述の二〇一六年厚生労働省調査（二七頁）では、聴覚障害者のうち日常的なコミュニケーション手段を手話・手話通訳としている人は、六五歳未満で二五・〇％、六五歳以上で四・三％でした。手話を母語とするろう者は聴覚障害者のなかでも少数派である、というのも事実なのです。

だからといって、点字も手話もあまり役に立たないというのは大きな間違いです。車いす利用者にとってのスロープやエレベーター、視覚障害者にとっての点字ブロック、そしてろう者にとっての手話など、その存在を否定することは、それを必要とする人たちを切り捨てる発想と同じだといえるでしょう。「権利」とは対象者の多寡にかかわらず保障されるべきものです。その必要性に真摯に向き合い、協力していくことが大事です。

手話の課題は解決したのか

二〇〇九年の文部科学省指導要領改定で、手話禁止から七〇年以上を経て学校現場に手話が戻りました。また多数の自治体で手話言語条例が制定され、手話への理解が広まっています。しかしながら、すべての問題が解決したわけではない、というのが実情です。現在のろう教育の課題は何か。次章以降で詳しく述べます。

第三章

「聴覚口話法」と「バイリンガルろう教育」

1　「聴覚口話法」の発展と同時法的手話の誕生

ろう教育を支える二つの考え方

本章では、現代のろう教育において実践されている「聴覚口話法」と「バイリンガルろう教育」という二つの方法を紹介します。

戦後のろう教育は、読話だけに頼っていた「純粋口話法」の時代から、補聴器や人工内耳などによって残存聴力を活用した「聴覚口話法」へと発展してきました。そして、聴覚口話法を補うかたちで聴覚だけでなく使える手段は何でも使って言語を教えようという「トータルコミュニケーション」の考え方から、日本語の獲得のために日本語を手指で表現した「同時法的手話」が誕生しました。その後、この流れに対立する形で「バイリンガルろう教育」が提起されました。まずは、聴覚口話法について見ていきましょう。

「純粋口話法」から「聴覚口話法」へ

「口話法」では、聞こえる人の話を、その唇の動きなどを読んで理解する「読話」の技術獲得が中心となりますが、多少でも聴力が残っている人であれば、増幅した音を聞くことで読話の助けになることがあります。この音を増幅する機械が「補聴器」です。

補聴器のもっとも初期のものはトランペット形の集音器であり、一七九〇年代に難聴になったベートーベンも愛用していたと言われます（図3－1）。この補聴器はまさにトランペットの形をしたおおげさなものであり、ろう児の教育に使えるようなものではありませんでした。

このため、日本でも手話を禁止した一九三三（昭和八）年前後からろう学校で学んだろう児は、読話だけに頼る「**純粋口話法**」で教えられていました。このような教育を受けたろう児の多くが日本語習得に失敗したことは想像に難くありません。

図3－1　トランペット型補聴器
リサウンド社ウェブサイトより

一九五〇年代半ばになると、トランジスタを使った補聴器が開発され、その後のICチップを取り入れた小型電子補聴器が全国的に普及し始めます。これにより伝音難聴のあるろう児には、これらの補聴器を使って残存聴力を最大限に活用しながら読話・発話を習得する「**聴覚口話法**」が主流となりました。一九六二年からは全国のろう学校に幼稚部の設置が進み、補聴器で聴覚が活用できる子どもには、早期から聴覚口話法を取り入れることで通常学校でのインテグレーションを目標にするという雰囲気が教育現場で広がりました。（日本弁護士連合会「わが国のろう教育の歴史」）

また感音難聴、すなわち音を増幅しても効果のない難聴に対しては、蝸牛に直接電気信号を送る人工内耳を頭に埋め込む手術が一九五七年に世界で初めて行われました。一九八〇年代には機械性能や医療技術が発展し、同時期には日本でも人工内耳手術が取り入れられ、一九九四（平成六）年には保険適用されています。

トータルコミュニケーション

一九六八年、アメリカのホルコムが、可能なコミュニケーション手段はすべて使って教育をしようという「**トータルコミュニケーション（TC）法**」という考えに基づいたろう教育を提唱しました。

日本でのTC法は、栃木県立聾学校から始まっています。中心的な人物の一人である田上《たのかみ》隆司《たかし》は、TCを「耳の聞こえない人どうしの、あるいは、耳の聞こえない人とのコミュニケーションにおいて、相手の人の条件や、その場の状況、話題などに応じて、最もよい方法を選択し、組み合わせて、コミュニケーションの効果を高めようとする考え方であり、その方法である」と定義しています（『聴覚障害者のためのトータルコミュニケーション』一九八五年、一八頁）。以下、同書を参考に説明します。

ＴＣ法では、コミュニケーションの方法を「コード」と「メディア」という考え方で分類しています。

「コード」は言語的な種類のことをいいます。例えば英語の教育を日本語で行うか英語のまま行うのかという選択のように、日本のろう教育を日本語で行うのか、ろう児の母語である手話で行うのかというコードの選択があります。

「メディア」は表現手段の種類のことをいいます。ろう教育では主に「音声メディア」「口型メディア」「手指メディア」に分類されます。「口型メディア」を見て理解するのが「読話」です。また聴力が多少でも残っている子どもは補聴器などを活用して「音声メディア」を使います。

ろう児のコードは「手話」であり、もっとも理解しやすいのは当然「手指メディア」です。しかし教育の対象となる音声言語というコードはもともと手指メディアを持ちません。また音声言語と別のコードを聞こえる教師が習得するのは、言語としての手話がまだ研究途上の段階では極めて困難なことでした。このため、教育する言語コードを手指メディアで表現する手法が新しく開発されました。代表的なものは、文字自体を指で表す「指文字」と、音声の理解や発音の際の参考にするため、音声の構造を表す子音と母音の組み合わせを手指で表現する「キュードスピーチ（Cued Speech）」があります。表3－1は、日本におけるTC法の発祥となった栃木県立聾学校と栃木県ろうあ協会が作成した指文字の表です。

これらの「コード」「メディア」をコミュニケーションの手法として、場面の違い（一対一か集団かなど）や話題の違い（友人とのおしゃべりなのか研究の協議なのかなど）によって、最適なものを選ぶというのがTC法の基本的な考え方となっています。

栃木県立聾学校で開発された「同時法的手話」

終戦直後に義務教育となったろう学校では、それまでと同様、口話法一辺倒の教育が行われ、手話は厳しく禁じられていました。しかし、ろうあ連盟の運動などで手話の必要性の認識が関係者間で高まり、一九六〇年代にはろう者と理解し合いたいと思う聞こえる人が各地で手話サークルを立ち上げていくと、教育の場にも手話を導入すべきだという気運が高まっていきました
一九六八（昭和四三）年、栃木県立聾学校と栃木県ろうあ協会の共同作業によって、手話に誇りを持って堂々と使えることと、日本語の習得を同時に実現する考え方（**同時法**）に基づき、日本語の語順に合わせる手話表現法「**同時法的手話**」が開発されました。もともと、

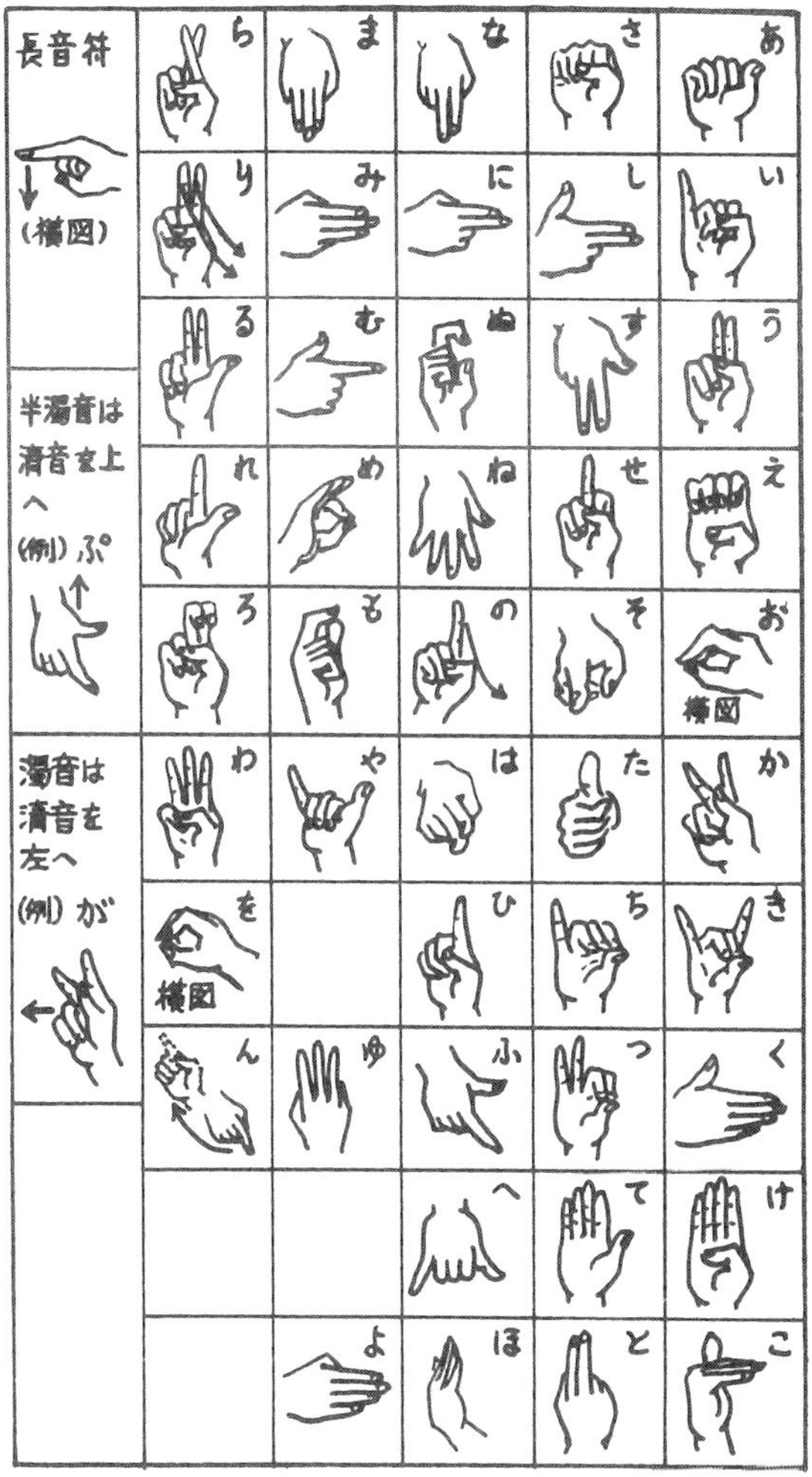

表3－1　日本の指文字

栃木県立聾学校、栃木県ろうあ協会『手指法辞典』220頁（1978年）

指文字やキュードスピーチなどによって音声を手指で表現するだけでは言語教育には不十分でした。このため栃木県立聾学校は、ろう児同士が使っている手話を「伝統的手話」と呼んだ上で、日本語の言語構造自体を手指で表現するメディア、すなわち手話を一から開発することにしたのです。図3－2は、「伝統的手話」と、「同時法的手話」の違いを比較したものです。

同時法的手話の開発と教育導入における中心的な役割を果たした田上隆司は、著書で次のように述べています（□内は筆者、以下同じ）。

日本でも初期の聾教育では、手話、指文字、文字、読話などあらゆる視覚メディアが用いられていました。

ところが口話法が導入されてからは、視覚メディアとしては読話と文字だけしか認めませんでした。いまでも日本の聾学校百八校の中で幼稚部から高等部まで一貫して〝学校の教育方針として〟指文字・手話を用いているのは、栃木県立聾学校一校のみです。アメリカの聾学校の八十％以上（学級数でも六十％以上）がTC（トータル・コミュニケーション）を導入しているのと比べて大変大きな差があります。

ただ日本の場合も、聾学校教師が〝個人的に〟指文字や手話を用いていることはあり

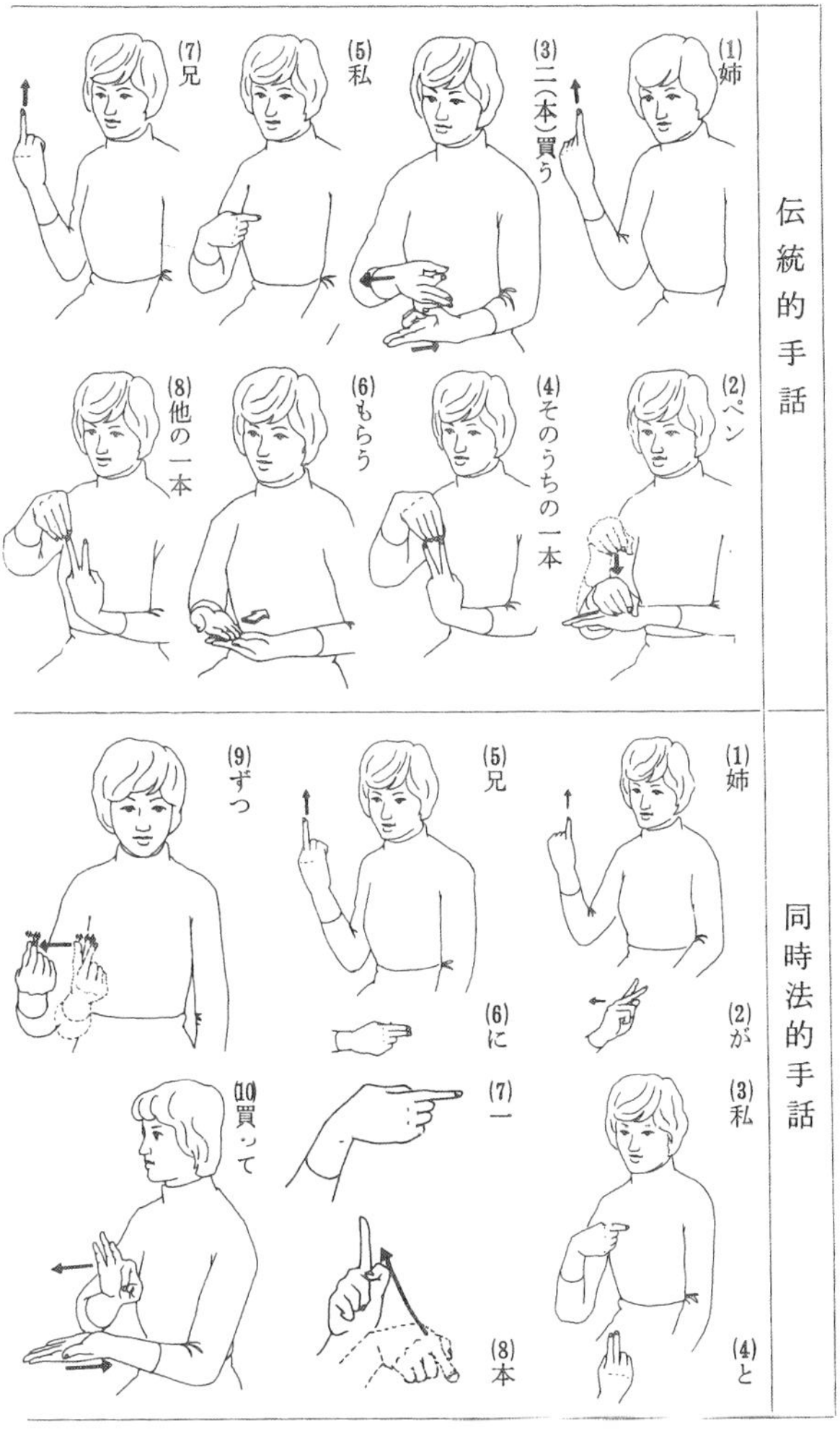

図3－2　伝統的手話と同時法的手話の違い

田上隆司、森明子、立野美奈子『手話の世界』43頁（日本放送出版協会、1979年）

ます。［中略、一九七〇年の調査によると］ろう学校の幼少部教諭の十二％、中等部教諭の六一％がなんらかの形で手話を用いていると回答しています。［中略］中等部教諭の六一％が手話を使用しているという現実、と同時に四二％が手指メディア（手話・指文字・キュー）は不要、と意識している現実――これは日本の聾学校の内部にいまなお手話に対してきわめておおきな考え方の差異がうずまいていることを示しているといえましょう。

（『聴覚障害者のためのトータルコミュニケーション』九〇頁）

日本におけるTC法の取り組みと、同時法的手話の広がり

栃木県立聾学校での同時法的手話の開発にあたっては、ろう者の間で実際に使われている伝統的手話とは別のものだという認識が明確になっています。しかしながら、聞こえる教員しかいないろう学校の場で、同時法的手話はそれまでの聴覚口話法より効率がよく、ろう児とのコミュニケーションを楽にするものでした。そして、TC法における「日本語コードかつ手指メディア」の手法として導入されたものでした。同時法的手話の開発と教育導入における中心的な役割を果たした田上隆司・森明子・立野美奈子の共著『手話の世界』では、T

C法と同時法の関係、および同時法的手話について次のように書かれています。

田上が提案した同時法は日本語の手話（同時法的手話）を前提としており、伝統的手話は含めていませんから、かなり限定的な意味で使われています。したがって同時法は、すべての聾児のコミュニケーション手段たり得るものではありませんから、トータル・コミュニケーションの一分野ではあるが、イコールではないということになります。（一一六頁）

私たちは、伝統的に使われてきた手話に対して、新しい手話があり得ることを提案し、実践に関与してきた者です。しかし、二つの手話はどちらが良いというものではなく、共存し、共に果たすべき役割があると考えています。（四頁）

［同時法の］展開過程で、従来、「非人間的」とまで言われていた手話を許容し、全く未知である「日本語の手話」を作成し、それによって指導するという大きな変化を起こそうとするわけですから、疑問や反対が当然おきました。（九一頁）
（田上隆司、森明子、立野美奈子『手話の世界』一九七九年）

栃木県立聾学校が開発した同時法的手話は、日本語の助詞を指文字で表し、文末の助動詞表現に対応する手話もきちんと入れることをルールとしていますが、各地のろう学校に広がっていくなかで、現場の聞こえる教師が使う手話は、音声併用で助詞を指文字で示さず、文末の助動詞を手話で表現しない「中間型手話」に形を変え、全国的な主流となっていきました。こうして教育現場に手話は復活しましたが、同時法的手話にしろ中間型手話にしろ、ろう児が日本語から解き放たれ自由に使っている手話とは違うものでした。

また日本語自体の複雑さもあり、手指での表現を取り入れたとしても、TC法はろう児全てに向く手法にはなりえなかったのが実情でした。ろうあ連盟はTC法について、ウェブサイトで次のように述べています。

トータルコミュニケーション教育［中略］提唱は手話への評価を高めたという一面がありましたが、同時に手話を日本語の下位におく、日本語に従属させる発想でもありました。

同時法手話は［中略］ろう者に普及することはありませんでした。

（ろうあ連盟ホームページ「「日本語と日本手話―相克の歴史と共生に向けて―」に対して」）

2 「日本手話」と「バイリンガル・バイカルチュラルろう教育」の提唱

ろう文化宣言

第二章で述べたとおり、一九六〇年代にはギャローデット大学のストーキー教授から始まった「手話は言語である」という研究が進められており、同大学の学生や卒業生を中心にろう者としてのアイデンティティ意識が高まっていました。しかし、このような世界の動きが日本のろう者へ積極的に紹介される機会はありませんでした。

一九九一（平成三）年七月、第一一回世界ろう者会議がはじめて東京で開催されると、「ろう文化」「手話は言語」という認識に衝撃を受けたろう者が出てきました。一九九三年、ろう者のアイデンティティに目覚めた者を中心に「D PRO」が結成され、ミニコミ紙『D』などを通じてろう者社会に急進的な問題提起をしました。

一九九五年三月、**D PRO**のメンバーでろう者の木村晴美《きむらはるみ》と聞こえる市田泰弘《いちだやすひろ》が雑誌『現代思想』（青土社）に「**ろう文化宣言**」を寄稿、「**ろう者とは、日本手話という、日本語とは**

異なる言語を話す、言語的少数者である」との主張を高らかに発表し、関係者だけでなく、幅広い識者の間で大変な議論となりました。

木村は著書『日本手話とろう文化』（生活書院、二〇〇七年）で、高文脈な表現をする日本語に対し、日本手話はストレートな表現をする言語だとして、聞こえる文化とろう文化を「察する文化と言語化する文化」と対比しています。また言語面だけでなく、人を呼んだり気づいてもらうときには、肩を軽く叩いたり、部屋の電気を点滅させるといった行動をすることも、ろう文化の一つだといわれています。

「日本手話」を使用したBBろう教育の推進

木村と市田はこの宣言で、日本語の文法に対応している同時法的手話を「**日本語対応手話**」、日本のろう者同士が使っている手話を「**日本手話**」と呼びました。そしてろう教育や手話通訳で使われている、音声日本語と日本語対応手話の同時使用（シムコム）をろう者にはわかりづらいものとしました。そして、ろう児に対してはまずろう者固有の日本手話を母語として獲得させた上で、日本手話を使って書記日本語と教科を学習する「**バイリンガルろう教育**」、さらにろう者と聞こえる人の文化の双方を学ぶことで、ろう者としてのアイデンティティをもって生きるための「**バイカルチュラルろう教育**」の推進を主張しました（合わせて「バイリンガル・バイカルチュラル〔BB〕ろう教育）。

ろう文化宣言後、D PROから青年ろう者らが独立してフリースクール「龍《たつ》の子《こ》学園」を一九九九年に立ち上げ、日本手話を使った実質的な学びの場を作りました。また龍の子学園設立と同時に、ろう者スタッフとろう児の親が協力してNPO法人バイリンガル・バイカルチュラルろう教育センター（BBED）を設立しています。その後D PROと全国ろう児をもつ親の会が連携し、日本手話で学べる学校の設立を求めました（クァク・ジョンナン『日本手話とろう教育』第二章、二〇一四年）。

日弁連への人権救済申立て

全国各地のろう児とその親一〇七人が、子どもたちが日本手話による教育を受ける機会がないことは人権侵害であると位置づけ、二〇〇三年に日本弁護士連合会（日弁連）に対して公立ろう学校で日本手話による教育を受ける権利を求めた「人権救済申立て」を行いました。

申立てでは、平成一一年三月改訂学習指導要領で「聴覚の活用」と「日本語の習得」が第一目標とされ、ろう者の母語である日本手話の習得をろう教育の目標から基本的に排除していることが人権侵害の原因の一つだと指摘しています。また同様に教育言語も日本語に限定され、日本手話を教育言語として位置付けていないと、文部科学省を批判しています。

さらに、ろう学校での乳幼児相談やその他教育機関でも聴覚口話法によって言語を習得する訓練が必要と伝えられるのみであり、口話教育以外の選択肢があることを知る機会は皆無に等しいと述べています。そしてこのようなろう児自身とその親を取り巻く状況が複合的にかつ構造的に人権侵害を認識できていない現状を引き起こしていると提起しています。

明晴学園の誕生

その後も関係者が粘り強い啓発運動と陳情を行った結果、当時の石原慎太郎都知事の判断により東京都が国に対して教育特区の申請を行い、二〇〇八年四月、品川区八潮に学校法人「明晴学園」が特別支援学校として開校しました。

設立時の明晴学園は小学部だけでしたが、その子たちが中学でも同じ環境で学べるように、関係者の尽力で中学部も発足しました。さらに、これから生まれてくるろうの赤ちゃんとその親のために、幼稚部に加えて児童発達支援事業所「明晴プレスクールめだか」を設立し、「日本手話の母語獲得から始まるろう児教育」という選択肢を当事者と親の力で実現しました。

明晴学園ではろうの教師と聞こえる教師が協働し、共通言語は日本手話となっています。通常では認められないような学習指導要領の変更が教育特区として認められており、音声日本語や発音の授業は行いません。その代わり、国語と音楽の単元を「手話」と「日本語」という独自教科に再編して、手話と日本語、ろう文化と聴文化の二つを学びます（図3－3）。

第二言語として日本語を学ぶ明晴学園の生徒は、主に外国人向けである「日本語能力試験（JLPT）」のN3以上（全五段階のうちの真ん中）を中学卒業までに合格することを目指します。そして日本語の教育は、第二言語習得の理論をベースに、聴覚口話法とは全く違うアプローチがとられます。明晴学園の日本語指導では、対象者の母語が日本手話でそろっていることから、一定の日本語力を獲得するまで相手の母語（この場合は日本手話）を使って教える「間接法」が採用されています。ここでは、ろう教師の存在が極めて重要なことがわかります。

こうした明晴学園の取り組みはたびたびメディアでも取り上げられています。二〇一九（令和元）年にNHKが制作したETV特集「静かで、にぎやかな世界〜手話で生きるこどもたち」は、教育コンテンツを対象とした国際コンクール「日本賞」で特別賞ユニセフ賞、テレビやラジオの番組を対象にした世界でもっとも権威ある国際コンクールである「イタリア賞」で特別賞を取るなど、世界的にも注目されました。この番組の制作ディレクターで、自身も難聴者である長嶋愛の著書である『手話の学校と難聴のディレクター——ETV特集「静かで、にぎやかな世界」制作日誌』がちくま新書から出ています。

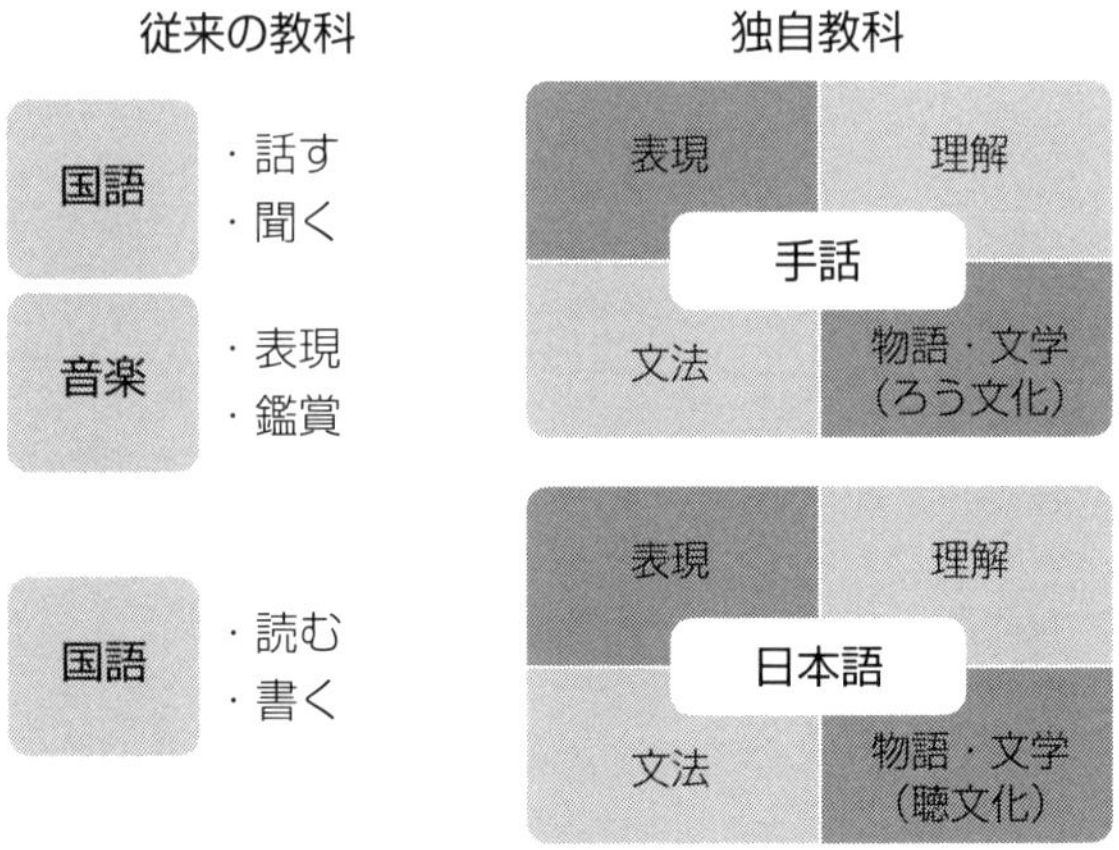

卒業時に日本語能力試験＊N3以上への合格を目標としている
＊日本語を母語としない日本語学習者を対象として開発された試験

図3－3　明晴学園のカリキュラム
明晴学園ウェブサイトより作成

このようなBBろう教育を学校方針として実施しているのは、二〇二一年現在でも私立の明晴学園だけであり、公立のろう学校（特別支援学校）では北海道札幌聾学校など各教育委員会が認める形で行われている以外、全国的な施策としては実現していません。

最大の理由は、聴覚障害児に対する学習指導要領を変更する必要があるということです。また公立ろう学校は、多様な子どもの実態とともに、保護者の多様な希望に応えなければならず、私立学校のような一つの教育方針を掲げることは難しい、という事情もあります。

さらには、日本語については読み書き（リテラシー）だけを習得するという明快な姿勢に対しては、聞こえる人と音声情報が支配的な日本社会で生きていく上でマイナスだという批判もあります。教員免許を持つろう者の数が少ない上に、大学の教員養成課程においてもろう者の指導教員が少ないことから、教師志望のろう者受け入れ自体も困難だという背景もあります。ただし、これはＢＢろう教育に限った問題ではありません。

3　人工内耳技術で変わる議論

技術革新による医学モデルの復活

ここまで、同時法的手話も用いた聴覚口話法と、日本手話と書記日本語のバイリンガルろう教育という、日本のろう教育の二つの潮流を見てきました。双方の推進者たちは議論を戦わせてきましたが、ここに来て、ろう教育の枠組みそのものを揺るがす事態が生じ始めています。

人工内耳の技術が進展して、生まれて間もないうちに手術ができるようになると、ろう児に対してリハビリを通じて最初から音声日本語を母語として獲得させようという動きが出てきました。

ろうという障害が医学モデルから社会モデルで語られ、さらには障害論を超えてろう文化というアイデンティティも生まれてきたなかで、人工内耳の発展により聴覚障害は医療関係者を中心に再度医学モデルに引き寄せられてきています。ろう教育をどのように行うべきかという議論の陰で、現代は、手話の存在意義、ひいてはろう者というアイデンティティの存続にまで関わる重大な転換期に差し掛かっているのです。

母語形成時期から手術可能になった人工内耳

現在、新生児は生まれてまもない時期に「聴覚スクリーニング」検査を受けることで、聴覚障害の有無を早期に発見できます。言語獲得のためには生まれてから数年の期間が極めて重要であり、早期発見によりさまざまな対応策を検討することができます。

また、人工内耳技術の向上に加え、手術の術式も発展し、現在では生後一歳から人工内耳手術が適用可能とされています。これにより、母語形成時期から音を聞かせることが可能になっています。

二〇一九年五月二八日に高橋晴雄《たかはしはるお》・日本耳鼻咽喉科学会副理事長が、自民党の難聴対策推進議員連盟（石原伸晃会長）で、人工内耳手術が二〇一七（平成二九）年までに一万件を超えたことを初めて公表しました（両耳の手術は二件とカウント）。二〇一九（令和元）年末までには一万二〇〇〇件を超える見込みとしています。（『福祉新聞』二〇一九年六月一〇日）

人工内耳について、日本耳鼻咽喉科学会は次のように述べています。

人工内耳は、その有効性に個人差があり、また手術直後から完全に聞こえるわけではありません。人工内耳を通して初めて聞く音は、個人により様々な表現がなされていますが、本来は機械的に合成された音です。しっかりリハビリテーションを行うことで、多くの場合徐々に言葉が聞き取れるようになってきます。このため、術後のリハビリテーションが大切です。また、リハビリテーションには、本人の継続的な積極性と、家族の支援が必要です。

（日本耳鼻咽喉科学会ホームページ「難聴でお困りの方」）

人工内耳の席巻と聴覚口話法の再評価

人工内耳を活用した聴覚口話法は感音難聴のろう者にも有効であり、またデジタル技術による補聴器の高度化などによって残存聴力活用の幅も広がっていることから、日本のろう学校のほとんどは現在も聴覚口話法が中心となっています。加えて、この技術発展により、ろう教育の現場でも、聴覚口話法が再評価されるようになりました。バイリンガルろう教育の先駆的な国であるスウェーデンでは、二〇〇五年の段階で新生の重度聴覚児のおよそ九割が人工内耳装用手術を受けており、ろう学校に人工内耳装用児のための「聴覚クラス」が設置されています。（鳥越隆士「スウェーデンにおけるバイリンガル聾教育の展開と変成」二〇〇九年、四八頁）

聴覚口話法は純粋口話法より有効であるものの、補聴器・人工内耳との相性や、読話による口話の習得は、ろう児によって個人差が大きいものであり、現代においても、万人に向いているわけではありません。ろう教育関係者によると、聴覚口話法を続けながら、乳幼児期から手話を取り入れている学校も増えてきているとのことです。

しかし、ろう児の親の九割は聞こえる人であり、子どもに聴覚障害があれば、それを最初に診断した医師のアドバイスの影響を受けて、医学モデルの視点から「治療すべき」障害であると考えるのは自然なことです。このため、日本でも人工内耳手術を受けるろう児は増加する一方となっています。

人工内耳普及拡大に対する関係者の対応

人工内耳手術は、術後の聞こえ方に個人差がある上に、大人のろう者は装用によって日本語が母語になるわけではありません。また現在を生きるろう者には、ろうを自分らしさと考える人も増えてきました。以前に比べて良い教育を受け、手話を堂々と使っている若い世代は、特にそのように思っているでしょう。

今も手話を必要としている人たちが生きており、その子どもたちも手話を伝承していくという未来のなかで、ろう者と手話について社会がきちんと向き合うことは、技術の発展にかかわらず、人権尊重と文化保護の観点から極めて重要なことです。医学モデル一本の価値観ではなく、社会的・文化的側面からも多様な選択肢が提供される社会が必要です。

このような背景から、第六七回全国ろうあ者大会では、「ろう乳幼児が手話言語を獲得・習得できる機会の保障を目指し、新生児聴覚スクリーニング検査における環境整備を求める特別決議」が採択されました（全日本ろうあ連盟、二〇一九年六月一六日）。難聴が早期発見された場合においても、人工内耳以外に手話言語という選択もあることを親に情報提供すること、および「社会モデル」に立脚した公的相談機関を設置し、医師も含めた支援関係者も参加することを求めています。

また、日本手話を研究している高嶋由布子《たかしまゆふこ》と憲法学者の杉本篤史《すぎもとあつふみ》は共同論文「人工内耳時代の言語権―ろう・難聴児の言語剝奪を防ぐには―」（二〇二〇年）で、少なくとも一つの言語を身につけられることを「言語を剝奪されない権利」として提唱し、手話を早期から導入できる支援体制の構築と、親へのバイアスのない情報提供の仕組みづくりを呼びかけています。

さらに関係者の危機感から、二〇二一年三月一三日に開催された東京ろう教育フォーラムでは人工内耳に関することが議論されました。基調講演で社会福祉法人聴力障害者文化センター森せい子理事が「人工内耳を挿入するということは、難聴の状態にするということ」であるとし、聞こえる人による次のような誤解がよくあると述べています。

・難聴者は頑張れば聞こえる
・難聴者はほとんど聞こえる人と同じ
・聞き取れないことや聞き間違えることは大したことではない
・難聴者は障害者というほどの大変さはない
・難聴者は普通に会話ができる
・難聴者は手話なんて必要ではない

そしてこれらが原因となり、「〔当事者本人が〕自分自身を責め、心理的に無理を重ね、自分の不全感を悪と思い、自尊心が低い状態の人が少なくない」とし、人工内耳装用児には「言葉を育む環境」「視覚的配慮」「聞こえづらいことで責められないこと」などが必要だと主張しました。

現代ろう教育の考え方のまとめ

現代のろう教育の考え方を大別すれば、聴覚を活用した「聴覚口話法」と日本手話による「バイリンガル・バイカルチュラルろう教育（ＢＢろう教育）」の二つに括ることができます。しかし後者は現時点で教育特区という例外的な取り組みに過ぎません。ここでは「一般的ろう教育関係者」と「ＢＢろう教育関係者」に分け、両者の考え方を対比する形でまとめてみます（表３－２）。

両者の考え方の違いは、ろう児の「母語」と「学習言語」という発想があるかどうかということに帰結します。義務教育である小学校の入学年齢は六歳であり、それまでに家庭や地域で培った日本語という母語を、暗黙の前提として教育内容が設計されています。また、日本では公用語の定めがないにもかかわらず日本語が前提となっているように、学校での学習言語（教科を教えるときに使用する言語）は何の疑いもなく日本語となっています。しかし母語が日本語でない、もしくはろう児のように音声言語を母語として定着しにくい場合は、この暗黙の前提はくずれさります。

例えば算数の時間にかんたんな文章題が出たとして、日本手話で出題されれば解けるろう児が、日本語で出されたことで解くのに時間がかかり、聞こえる子どもより点数が悪いということがよくあります。この場合、このろう児は「算数の能力が低い」とされてしまうのが今の教育制度です。このためろう学校における教科書の進み方は一般校よりもずっと遅く、その結果、知識や思考力、数学的な能力などに差がついてしまっています。聴覚口話法で教育を受けるろうの子どもは、どの教科の授業も結局日本語の読解の練習時間になりがちです。そして国語の授業を受けても、日本語を母語とした聞こえる子どもと同じ視点で学ぶことはできません。

これは海外にルーツのある子どもたちも直面している、現在の公教育の問題と共通しています。何を言っているかわからない授業を一日中受けている子どもの気持ちは、外国人の子もろう児も、そして学習障害のある子や識字障害（ディスレクシア）の子も変わらないはずです。

このことに対する批判として生まれたのがＢＢろう教育です。まず母語としての日本手話を、ろう児とろう教師のいる環境で獲得させます。そして日本手話による授業で、算数の時間は算数、社会の時間は社会のことを学ぶ時間となっています。さらに日本語は、聞こえる

論点	一般的なろう教育関係者	BBろう教育関係者
教育目標	音声を含む日本語を習得させることで、聞こえる者中心の社会への適応を促す。	「ろう文化」を持つ言語的少数者として、日本手話と書記日本語を身につけ、ろう文化と聴者の文化を学ぶ。
人工内耳	人工内耳の早期手術実施などもあり、聴覚を活用した聴覚口話法による教育を推進していく。	人工内耳の効果は人それぞれ。聴覚口話法はすべてのろう児に適しているとはいえず、そうでない選択肢も必要。
手話活用	聴覚口話法を補完するための手話としては、「日本手話」以外に、発話を併用する日本語対応手話の活用も有効。	「日本手話」を母語として獲得させたのちに、第二言語習得の考え方で書記日本語を教えるというステップを踏む。
教員	聞こえる教員がろう者の使う手話を習得するには困難が多く、音声日本語もできるバイリンガルのろう教員と聞こえる教員が不可欠。	日本手話ネイティブのろう教員育成が喫緊の課題。聞こえる教員と親もろう児の母語である日本手話を学ぶ。
発話	聞こえる人と同等でなくても、発話の教育ノウハウはある。社会で生きる上で、ろう児には発話を習得させるべき。	ろう者が音声で発話しても社会で受け入れられにくい。音声言語獲得にこだわるべきでない。
制度	第二言語として日本語を教えるなら制度の改正が必要。	教育特区を活用してでも、受け入れ学校を増やす。

表3-2　現代ろう教育の考え方

子どもが日本語で英語を学ぶように、日本手話で日本語を学びます。音声日本語を学ばないことに批判もありますが、聴覚口話法が適さないろう児の能力が不当に低いとみなされてしまうことも、同様の批判を受けるべき問題点でしょう。

このような比較をしたとしても、教育要領・学習指導要領などを変えなければ、ＢＢろう教育という選択肢を選ぶことはできません。本来どんな親も子どもも、いろいろな教育を選ぶ権利があり、特色のある私学や、場合によって通信制高校や夜間中学を選択することもあるでしょう。大事なことは誰でも自分に合った学び方を選ぶ機会があることであり、すでに二〇〇八（平成二〇）年に特区で実現したことについて、現在に至るまで文部科学省が選択肢として広げてこなかったことに疑問を感じます。

第四章

「言語としての手話」に関する議論

1　バイリンガルろう教育関係者と全日本ろうあ連盟の意見対立

対立する意見を等しく見ることからはじめる

ろう教育における長い長い手話禁止の時代は、二〇一〇年バンクーバー会議により一応の終結となりましたが、日本では九〇年代から新たな議論が生まれました。それがいわゆる「日本手話」と「日本語対応手話」という分類に始まった、言語としての手話に関することです。

栃木県立聾学校による同時法的手話に始まり、中間型手話として新しい手話が全国のろう学校に普及したり、手話サークルが人気になって聞こえる人とろう者が通じ合うための手話が広がっていったりと、ろう者同士が使う手話以外に、聞こえる人との関わりの深い手話が、ろう者の周りに顕在化してきました。

このような状況に問題提起をする形で、木村・市田の「ろう文化宣言」が世に出ました。そして、ろう者にとって手話といえるのは「日本手話」であることを主張し、負担の大きい日本語対応手話ではなく、日本手話を使って学び、暮らせる社会を求めました。

しかし、ろう当事者団体である全日本ろうあ連盟は、手話の種類でろう者を区別することは、ろう者とろう運動を分断することにつながると、ろう文化宣言に反発しました。以降、ろう当事者および関係者の間で手話をめぐって激しい議論が交わされてきました。それは第三章で見てきた「ろう教育をどうするか」という以上の、手話とはなにか、ろう者のアイデンティティをどう考えるかという、本質に関わる論争となっています。同時に、ろう当事者でないものにとっては大変理解が難しい議論でもあります。

ろう当事者が住みやすい社会を作り、ろう児がそれぞれに適した教育方法を選べる社会を作る上で、内部での意見対立が鮮明になっている状況は、ろう者の運動に協力的な人々からも距離を置かれることにつながり、理想実現からも遠ざかる原因になっているのではないかと、私は思っています。

本書は、ここまで日本語教師ややさしい日本語に興味がある人に向けて、聴覚障害者の事情を伝えるために書いてきました。日本語教師は、日本国内でいえば言語的マイノリティを言語教育という立場から支援する職業です。またやさしい日本語推進者は社会側に働きかけ、言語的マイノリティが生きやすい、寛容な社会を目指します。私自身がそうだったように、日本語教育に携わる人たちは、ろう者の「日本語が母語でない」という事情を理解できる、もしかしたら数少ない部外者の集団だと思います。本章では、この議論に関して、対立するそれぞれの意見に対して可能な限り等しく向き合っていきます。

弁護士会勧告が出なかった「人権救済申立て」

第三章で触れたとおり、バイリンガルろう教育を求めるろう児とその親が、二〇〇三（平成一五）年に日弁連への「人権救済申立て」を行いました。そのもっとも重要なポイントは、「現在ろう学校で使われている日本語対応手話ではなく、日本手話で学べるようにしてほしい」ということです。学校や教育行政に陳情しても成果が出なかったことから、日弁連に人権侵害を認めてもらう形で、文部科学省に直接アピールする戦術でした。

この行動に対し、ろうあ連盟は見解文を出し、「ろう運動との整合性を心配する声が多く寄せられました」「手話はさまざまな形で使用され、安易に二分できません」「手話とは何かという、ろう者の間でも議論の分かれる大きな問題について、手話と直接の関わりを持たない日弁連という組織の判断を求める発想には、賛成しかねる」と、反対の姿勢をとりました。（全日本ろうあ連盟「『人権救済申立』に対する全日本ろうあ連盟の見解」）

「日本手話」と「日本語対応手話」の区別に関するろうあ連盟との対立は、一九九五年のろう文化宣言からすでに始まっていましたが、日弁連への人権救済申立てという行動によりメディアからも注目され、当事者の間でもめている事情も顕在化しました。

弁護士会が申立てを受理すれば、調査をした上で実態に応じて相手方に「警告・勧告・要望」などの措置をします。この件について日弁連は当初「勧告（相手方、その監督者等に対し、被害者の救済又は今後の侵害の予防につき、適当な改善処置をとるよう要請する）」を検討していましたが、ろうあ連盟の見解文などを受け、二〇〇五年に「手話教育の充実をもとめる意見書」（以下「意見書」）を発表するにとどまりました。

「手話の定義」におけるバイリンガルろう教育関係者とろうあ連盟の対立

日弁連は意見書に添付した別紙に、手話の分類について次の記載をしています。

●日本手話

この言葉は、若干使用する人によってニュアンスの差があるが、厳密に定義すると「ろう者が特別な訓練なしに自然に習得し使用する言語であり、日本語とは異なる語彙及び文法体系を持つ、ろう者にとっての自然言語」となる。人権救済の申立人はこの定義による。

●国語対応手話
あるいは日本語対応手話ともいわれる。「日本語を前提とし、それに手話単語を対応させるもの」「日本語の文法・語順等を手話の単語で表現するもの」と定義できる。人権救済の申立の申立人は前者の定義による。
●両者の中間に位置する手話
中間型手話ともいわれる。日本手話と日本語対応手話との中間的な表現をとるものをいう。
（日本弁護士連合会「わが国のろう教育の歴史」）

このように、日弁連はろうあ連盟の「手話はさまざまな形で使用され、安易に二分できない」とする意見も盛り込むため、申立人が定義した「日本手話」と「日本語（国語）対応手話」に「中間型手話」を加えました。

対立がもたらしたもの

子どもたちの権利のための行動で、なぜ当事者内部に対立が生じてしまったのでしょうか。

申立人、すなわちろう児と保護者一〇七人の願いは、目の前のろうの子どもたち、そしてこれから生まれてくる子たちのために日本手話で学べる学校を作ることでした。当然のことながら一刻も早い実現が必要であり、弁護士会への人権救済申立てという手法は、マスコミや関係者へのアピールとして即効性を狙った「奇策」ともいえるものでした。

一方、ろうあ連盟は「ろう文化宣言」が世に出たときから、手話を「日本手話」と「日本語対応手話」に分ける考え方に反対の姿勢を明確にしていました。それは、ろうあ連盟が対象とするろう当事者には、伝統的な手話を母語としない人もいるからであり、言語の分断は当事者の分断につながるという理由からです。

なんとしても、自分の子どもたちのために「今」日本手話での教育を実現したいと必死の活動を始めた申立人は、もっとも必要とされる「日本語対応手話でなく日本手話での教育」の主張を通すことができませんでした。また「勧告」ではなく「意見書」にとどまったことで、行政からの回答が期待できなくなりました。中立人は、日弁連を通じた教育行政の正面突破に失敗しました。しかしこれをバネに国の「構造改革特区」制度を活用するという方針に転換して行政に粘り強く交渉を繰り返し、二〇〇八年に日本初のバイリンガルろう教育を実践する明晴学園が設立され、メディアにも注目されました。二〇一六年二月には初代校長の斉藤道雄による『手話を生きる』が出版され、母語としての日本手話、手話禁止の歴史、

	申立人 （ろう児と保護者107人）	ろうあ連盟
目的	バイリンガルろう教育も選択できる教育制度	ろう者が手話で学び暮らせる社会づくり
対象	ろう児（および保護者）	ろう者を含む社会全体
緊急度	子どもが幼児・学齢期の間に急いで実現させる必要	手話言語法成立のためのしっかりしたロビー活動
手話	**ろう児がわかる手話 初・中等教育に使える手話**	**ろう者が使っている手話全体 広く語彙を網羅した手話**

表４－１　ろうあ連盟と申立人の主張

現在のろう教育の問題などが衝撃的に伝えられました。

一方ろうあ連盟は、ろうの子どもの人権救済という切実な訴えに対しても、ろう運動の立場から反対意見を表明せざるを得なかったことで、メディア報道などを通じて「ろう当事者団体がろう児の人権救済に反対した」と短絡的な印象を世間に与える結果となりました（表４－１）。

2　「手話言語法」制定の動きへの議論

手話の分類をめぐって

全日本ろうあ連盟は二〇一〇年ごろから、どこでも自由に手話が使える社会環境を求め、手話言語法制定を目標として活動しています。活動の一環として各自治体に「手話言語法制定を求める意見書」の採択を求め、二〇一六年三月三日に全都道府県・市町村による採択を達成しました。また先に条例レベルで対応する「手話言語条例」が多数の自治体で施行されています。

自治体に向けた取り組みは大きな成果を上げましたが、法制化という段階になると、再び「日本手話」と「日本語対応手話」という分類に関する議論が起きています。代表的なものを二つ取り上げて、論点を整理していきます。一つはバイリンガルろう教育関係者からの批判、もう一つは参議院事務局が発表した論文をきっかけとしたものです。

『手話を言語と言うのなら』に関する議論

二〇一六年一二月、バイリンガルろう教育関係者による、ろうあ連盟の推進する手話言語法案を批判する『手話を言語と言うのなら』（森壮也、佐々木倫子編、ひつじ書房）が出版され、ろうあ連盟もこれに対して真っ向から反論しました。

バイリンガルろう教育関係者は、おおまかにいえば、手話言語法を制定することで、日本手話が疎外され、日本手話を用いた教育が行われなくなるという懸念を表明しています。

同書の第一章「はじめに」で、編者の森壮也《もりそうや》は次のように述べています。

［当事者団体である全日本ろうあ連盟が推進している手話言語条例は］大きく進展した。［中

略」しかしその一方で、この運動は必ずしも少数言語としての日本手話の話者たちの賛同は得られていない。それどころか、むしろ日本手話の危機言語化につながるものと危惧されている。(二頁)

第二章では「手話が言語だということは何を意味するか」というタイトルで、赤堀仁美《あかほりひとみ》と岡典栄《おかのりえ》が次のように述べています。

日本においてある教科を教育課程に入れるためには、法律(改正)は必要ではない。(一〇頁)

日本の法律上、手話は既に言語だと認知されており、手話が言語だということが明らかになっても、それによって特に新たな権利が発生するわけではない。(一一頁)

第三章「手話言語条例と手話言語法」では、法学・人権保障論の立場から杉本篤史が次のように述べています。

まず結論からいうと、日本国憲法および国会制定法では、国の公用語あるいは個人または言語的少数派集団の言語権に関する明文の規定は［不十分な内容ともいえるアイヌ文化振興法以外］一切ない。［中略。「言語」「国語」「手話」「アイヌ語」「琉球語」などを含む法令の］多くはそれぞれの用語の定義を欠いたまま、自明のものとして法文中で使用されている。（二四頁）

まず手話言語法案の内容については、本法案で手話言語とされるものが、日本手話なのか日本語対応手話なのかが明確にされていないという、ただその一点が問題である。［中略］現在の日本語対応手話利用者数の趨勢に乗じて、日本手話を母語とする人々の言語権保障が不十分なまま看過されれば、手話言語法はその帰結として、ろう者と日本手話を疎外することになる。連盟が手話言語法案とともに立法化を目指している情報アクセシビリティ権に関する内容の、情報・コミュニケーション法を活用して、日本語対応手話と日本手話の権利保障の住み分けと両者の連携を構築すべきである。（三二頁）

［手話言語法が成立すれば、二つの側面で人権の保障ではなく特権の容認にならざるをえない。］一つは、日本語対応手話話者の日本手話話者に対する特権であり、もう一つは手話話者

の他の言語的少数者に対する特権である。（三四頁）

第七章ではろう児の親の立場から、高橋喜美重《たかはしきみえ》と玉田《たまだ》さとみが次のように述べています。

ろう学校には手話ができる教師が配属されるというわけではない。［中略］教科指導に必要な教育言語を独学しなければならないのだ。そうなればおのずと学ぶ手話は日本語対応手話になる。［中略］現在のろう学校で使用できる手話は「手話付きスピーチ」か「日本語対応手話」にならざるを得ない状況にある。［中略］「日本手話による教育」と明記しなければ「日本手話による教育」は行われない環境なのだ。

［中略］手話には「日本手話」の他に「日本語対応手話」や「手話つきスピーチ」などがあるが、［聴者・難聴者・中途失聴者にとってはわかりやすいこともあり］それらを否定するわけではない。

［最近のろう学校では聞こえない教師の採用を増やしていると聞くが］日本手話ネイティブのろう教師の採用は極めて少ない。ほとんどが難聴者や声を出す聞こえない人である。そして、学校現場では難聴の教師も聞こえる教師も、声を出しながら手を動かして指導をしているのだ。（八一－八四頁）

（『手話を言語と言うのなら』）

これらの指摘に対して、ろうあ連盟の久松三二《ひさまつみつじ》は、特定非営利活動法人ろう教育を考える全国協議会『ろう教育の明日』七四号への寄稿「手話言語法とろう教育（3）」で次のように反論しています。日本手話が日本語対応手話に比べてことさら危機的な状況にあるとは感じていないという認識を示し、手話を用いてろう教育を行うためには手話言語条例・法を制定する必要があると、これまでの成果を再評価するものでした。

〔手話言語〕条例を制定することがいかに難しいか、条例制定に携わった人であれば、この苦労は理解できるものと思います。聞こえる人でも簡単にできるものではないのです。しかし、条例制定で地域社会を動かした強い誇りと自覚を持ったろう者たちは、『「日本手話」話者』を排除する気持ちはなく寛容なのです。日本語の言葉の使い方がどうであれ、互いに通じ合っているのですから、「日本語対応手話」に対して「日本手話」が危機的な言語であるとの実感がないのです。〔中略〕

むしろ危機感を抱いているとしたら、減少傾向にあるろう学校の子供たちのことです。人口減少が続く地方の県のろう学校では、一クラスに一人か二人という状況は珍しくなく、集団生活が保障される環境でなければ生きた「手話言語（手話）」が身に付きません。まずは集団生活の教育環境確保が最優先です。この状況への危機意識を私たちは強く持っています。だからこそろう学校での集団教育の重要性を訴える手話言語法と手話言語条例は必要なのです。［中略］

三〇年四〇年まえであれば、日本語の語順に従い「手話（手話言語）」を教えてきたことは事実であり、また聞こえる人に合わせながら、聞こえる人が読み取れるように話さなければならないことは多々ありました。そしてそれは苦痛であったと思います。私もそういう経験をしました。

むしろ昔のろう者たちは「手話言語（手話）」を習う聞こえる人たちを大事にしていたという感じはありました。［中略］今はその反省や経験を重ねて、ろう者が日常的に使う「手話（手話言語）」をろう者の視点で教えるようになってきていることは誰もが否定することのできない事実です。（八－九頁）

さらに久松は「手話言語」という言葉について、次のように述べています。

［手話に対する欧州のろう者たちの考え方において］英語の世界では「**sign**（サイン）」と

「sign language（SL：サイン・ランゲージ）」は明確に区分されていますが、日本語の世界では「手話」の使い方や「手話」への見方はあいまいです。

国内七〇を超える手話言語条例で唯一「日本手話」という用語を用いているのは埼玉県にある「朝霞市日本手話言語条例」だけです。他の地域の条例と相違するのは、「手話」と「日本手話」の用語だけであり、どちらも定義は同じです。［中略、条文に「日本手話」を使っていることに対して］欧米と同じような言語観を持っているのであれば、「日本手話言語」というべきであったと思います。

［中略、韓国語では日本語と同じく「手話」という言葉を使っていたが］、制定された「韓国手話言語法」では「手語」を用いています。当初、「手話」を中国語と同じように「手語」に変えたのかと思いましたが［中略］韓国の「手語」は日本の「手話」ではなく「手話言語」の意味です。

韓国では「手話」から「手話言語」にし、さらに「手語」にしましたが、［中略］日本では「手話」という言葉になじみが強いので「手話語」の定着を図ることが望ましいと思います。（四－七頁）

（久松三二「手話言語法とろう教育（3）」二〇一六年）

この反論に対して再度『手話を言語と言うのなら』の編者・著者らから反論が提起されました（「『手話を言語と言うのなら』への久松氏の批判とそれに対する反論」）。ろう教育のあり方や手話言語条例・法制定の是非といった運動論にはあまり触れず、言語学の視点からの批判が中心となっていますが、手話の見方への見解に対して次のように述べています。

英語では sign はしぐさ、合図、看板、標識、表示、しるし、証拠、記号、符号などを表す普通名詞。それらと「手話」を区別するために sign language という必要がある。よって、上の主張は該当しない。確かに日本における「手話」という表現はあいまいである。しかしそのことと手話を表層的に見ているかどうかは無関係。

（ひつじ書房ウェブサイト「『手話を言語と言うのなら』への久松氏の批判とそれに対する反論」二〇一七年）

何が対立のポイントなのか

この論争からは、両者の対立がどこから生じているのかが見えてきます。筆者の文責で両者の主張を総合的にまとめてみました。

●バイリンガルろう教育関係者の主張

・そもそも手話が言語であることは法的にも認められている。さまざまな少数言語話者の権利保障を考えると手話だけを扱う法律の推進には問題もある。

・現在を生きるろう者がさまざまな形の手話を使うことは否定しないが、ろう教育の視点に立てば、ろう児の母語として習得されやすい日本手話を教育言語とする環境を整備することが不可欠。

・そのためには日本手話ができる教師を増やすことが必須。現在は聞こえる教師が多数派であり、日本手話が十分できない教師が多く、日本語対応手話に頼っている。

●ろうあ連盟の反論

・ろうあ連盟はろう者への理不尽な差別や人権侵害とたたかってきた歴史があり、その間手話（手話言語）を守ってきた。手話言語法制定を求める意見書が全自治体議会で採択されたことは快挙であり、実際にろう者の働きかけがあってこその結果である。

・ろう学校に在籍する児童・生徒は減少傾向にあり、手話を身につけるためには集団生活での教育環境の確保が最優先。そのためにも手話言語法・手話言語条例は必要。

・法律が成立すれば、日本語の単語を手話に置き換えただけの聞こえる教員が増える、と考えるのはおかしい。

一方で、共通の考え方があることもわかりました。それは「日本語の「手話」はあいまいにとらえられている」という見解です。ろうあ連盟の視点は社会の仕組みや一般の聞こえる人の意識に向き、バイリンガルろう教育者はろう関係者内部の意識に向いているという、正反対の考え方ではありますが、両者ともに「手話」という言葉のあいまいさに対して問題意識があることには違いありません。

参議院事務局「立法と調査」山内論文に関する議論

もう一つ、この時期の重要な論争を紹介します。

二〇一七年三月、参議院事務局発行『立法と調査』に参議院第三調査室山内一宏の論文「日本語と日本手話 ―相克の歴史と共生に向けて―」が掲載されました。この論文で山内は主に言語学的な観点から手話をとらえ、ろう者がまず「日本手話」を母語として習得することが重要だとした上で、聴覚口話法中心の教育制度を批判し、バイリンガルろう教育の必要性に理解を示しています。

その上で山内論文では、ろうあ連盟に対して次のように批判しています。

日本弁護士連合会に対する「人権救済の申し立て」に対して、同連盟は申し立てが日本手話と日本語対応手話を峻別し、ろう社会を分裂させるものと反対を表明するなど日本手話に対して冷淡な反応を示している。

手話言語法もろう者社会全体でみた場合プラスになると言えるし、その延長上で考えると「ろう運動」を進めるにはどちらの言語でも良いかもしれない。しかし、「ろう教育」について検討するときにはどちらでも良いとは言い難い。それは「ろう児、ことに乳児や幼児は日本語対応手話の理解がむずかしく、対応手話での教育はほとんど不可能だからだ」。「手話は一つ」路線はろう児へのバイリンガル教育を否定するものであり、ろう児の言語獲得、認知発育を妨げるものとなっている。（二一〇–二一一頁）

論文の最後は次のように締め括っています。

全日本ろうあ連盟が日本手話の存在を認めない以上、本当のろう者の自立は達成できないのではないか。手話言語法の手話をどのように定義するのか、それにより本当の意味でのろう者の自立とろう文化の進化、そしてろう児の健全な成長に大きく影響を及ぼすことになるだろう。日本語対応手話と日本手話、両者の差異は外野からは些細なものに見えるかもしれないが、当事者間では根深く相容れない要因を内包しているようだ。（一一一頁）

（山内一宏「日本語と日本手話 ―相克の歴史と共生に向けて―」二〇一七年）

このレポートは、事実上、日弁連への人権救済申立てに反対を表明したろうあ連盟に対する批判ともいえる内容です。ろうあ連盟の姿勢を、「日本手話の存在を認めない」「「**手話は一つ」路線**」と呼んで強く非難しています。二〇一〇年ごろから手話言語法制定に取り組んでいたろうあ連盟にとって、立法府の一つである参議院の事務局から出たレポートによって批判されたことは大変ショックなことでした。

これに対して二〇一八年三月二三日、ろうあ連盟は反論レポートを公開しました（「「日本語と日本手話 ―相克の歴史と共生に向けて―」に対して」ろうあ連盟ホームページ）。本文冒頭ではっきり「**全日本ろうあ連盟は**、「**手話**」**をひとつの言語と主張しています**」と書いた上で、次のような主張を述べています（筆者まとめ）。

・ろうあ連盟は「ろう者の人権が尊重される共生社会を築き、文化水準の向上、福祉推進をめざす運動団体」と定義。
・「「日本手話」と「日本語対応手話」で区別することで、ろう者や手話通訳者など手話を使う人たちを言葉でもって分断することは間違い」と主張。
・連盟としては「「日本手話」の存在を認めるとか認めないとかの問題でなく、音声言語とは違う独自の言語体系を有する言語である「手話言語」が使いやすい環境整備を求め、共生社会を築こうとして」いる。
・「普通の手話」「単語は同じでも語順は日本語になる手話」という表現で、二種類の手話があることを認めている。

さらに、レポートではろうあ連盟の手話言語法案における「手話」の定義である「日本のろう者（盲ろう者等を含む）が、自ら生活を営むために使用している、独自の言語体系を有する言語」は「山内氏の資料に掲載されている言葉の「日本手話」の意味するところと同じ」とまで書いています。また、「同時法手話は［中略］ろう者に普及することはありませんでした」「［聞こえる人に対して日本語に即した手話を教えたとしても］私たちろう者内部でのコミュニケーションに使う手話に変化はありません」とも述べています。

またレポートでは「日本で手話サークルが生まれ、全国に手話が広がり聞こえる人たちに普及していく過程で、聞こえる人たちが手話を理解し覚えやすいよう、発語しながらの手話で教えた時期がありましたが、これらは、手話に対する理解も不十分な時代、まして聞こえない事への理解も乏しい時代にあって、手話の普及に取り組まざるを得なかったことが背景にあることをきちんと見据えなければならないと思います」と述べています。ろうあ連盟自体が手話サークルを通じて手話奉仕員など手話通訳を広げていく上で、ろう者同士が使っていたものとは別な形の手話で普及せざるをえない時期があったことが明らかになっています。

このろうあ連盟の反論に対し参議院事務局は長らく反応をしませんでしたが、論文発表の約四年後となる二〇二一（令和三）年二月に、論文文末に追記する形で事実誤認があったことへのお詫びを公表しています。

本誌の編集・発行を行う参議院事務局企画調整室といたしましても、連盟からいただいた反論を真摯に受け止めますとともに、本稿の当該記述は、連盟の考え方に言及せず、事実誤認との指摘を免れないものであり、関係者にご迷惑をおかけしましたことについて、執筆者とともに深くお詫びを申し上げます。

（「日本語と日本手話 ―相克の歴史と共生に向けて―」に対して」）

このように、山内論文が事実確認を怠り、ろうあ連盟側の主張を盛り込まずに公開されたのは参議院事務局のミスでした。この論文が長く掲載されたことは、手話言語法に取り組むろうあ連盟の活動に大きな打撃となりました。

一方、連盟の反論文では、山内論文が連盟について「「手話は一つ」路線を堅持している」としたことを強く否定するかたわら、自らの反論の冒頭では「全日本ろうあ連盟は、「手話」をひとつの言語と主張しています。」と明記しています。ろうあ連盟自身による「「手話」をひとつの言語と主張している」という文は、人権救済申立てに対する見解文中にもなかった極めて明快な表現であり、関係者やメディアもろうあ連盟の反論を読むだけでは十分に真意を計ることができなかったと考えられます。

参議院事務局のお詫びによって一応の決着となりましたが、ろうあ連盟が事実誤認とした「ひとつの手話路線」と、正式な見解である「手話をひとつの言語と主張」していることの関連について、関係者はまだ十分に理解していないというのが現状でしょう。

意見対立を一般の聞こえる人はどう捉えるか

このような意見対立は、ろう者や手話に関する複雑な歴史の積み重ねから起きているものであり、当事者ではない人が理解するのは大変困難です。ここでは、これらの議論を外から見ている人から寄せられるであろう代表的な反応例を挙げてみます。

「なんで当事者同士でここまでもめるのか」

聞こえる人中心の社会に対して強い行動に出るならまだしも、当事者間でここまで激しい議論が公になって、「誰が得するのか」と思う人も多いのではないでしょうか。しかも二つの運動団体間ではなく、片方は学校教育関係者です。ろうあ連盟のような運動団体が対象や領域を手広くとらえるのは当然ですし、バイリンガルろう教育関係者のように、「日本手話」を母語とすることをアイデンティティと捉える人たちが特定の主張をするのも権利です。さまざまな点で視点が違うのは当然のことです。

一方でロビー活動は事実上ろうあ連盟に集約されており、当事者に関わるさまざまな意見を行政に伝える役割を担っているはずです。社会実現のための行動以前の段階で、このような内部の対立が見え隠れすることは、運動のプラスにならないだけでなく、事情にあまり詳しくない外部協力者が離れていくことにつながるおそれもあります。

「なんで子どもの教育の選択肢を増やす運動で団結できないのか」

乳幼児の母語獲得のプロセスは生まれてすぐから始まり、空白は許されません。またいかに手話を広く捉えたとしても、聞こえない乳幼児が成長する過程で必要とする母語としての手話は、ろうあ連盟も認識している、いわゆる日本手話の範囲と同等です。両者間でろう者の定義や手話の定義について議論をたたかわせることを否定しませんが、一刻の猶予もない乳幼児のために、手話習得に向けた環境構築、そして義務教育でのバイリンガルろう教育選択権利の確立で両者が団結できないのは不思議議です。

「人工内耳で治してしまえばいいじゃないか」

人工内耳の普及に伴い、ろう児の親だけでなく、世論も「聞こえないより聞こえるほうがいい」「治せるなら治せばいい」となっていく傾向は止まらないでしょう。そんななかでなぜ手話にこだわるのか、むしろ手話にこだわるほうがおかしいのでは、と思う人も少なからずいると思われます。

このような素朴な疑問に対して、わかりやすく答えられる関係者はほとんどいないでしょう。またメディアを通じた断片的な知識しかない人に対して、きちんと背景事情を説明する機会もないのが現実です。

しかしながら、日本社会でろう者の人権を守り生きづらさを解消していくためには、多数派である音声日本語を母語とする一般の聞こえる人の理解と賛同を得ることが必要です。次章からは、日本語教育およびやさしい日本語関係者が、この状況を打破するためにできることを考えます。

第五章

「日本語教育」と「やさしい日本語」の視点から見直してみる

1　思考停止から再び動き出すための、新しい視点

日本語教育とやさしい日本語からの視点

ここまでろう・聴覚障害・手話に関して歴史と事実関係を中心に紹介し、続いて「日本手話」と「日本語対応手話」という分類に関連した関係者の意見対立の構造を述べてきました。ろう教育関係者によるろう児に対する手話禁止という、想像を絶する人権侵害があったことは多くの人が知っておく必要があり、その知識を前提に現代を生きるろう者の生きづらさも理解されるべきでしょう。

しかし、ろう者の現在の諸問題については、あまりに状況が複雑であり、当事者間でも議論が続いているなかで、支援者ですら思考停止になっていたり、歩みが遅くなったりしているのではないでしょうか。

ここまで紹介してきた当事者間の議論について、私たち日本語教育・やさしい日本語推進者は、その知見に基づいた視点からのアプローチで、複雑な状況を打破できるかもしれない

と考えています。

ここからは、私の個人的な意見も含め、ろう・聴覚障害を取り巻く問題点について、日本語教育およびやさしい日本語の観点から見直してみることにします。

学校での手話を禁止したのも、くつがえしたのも、ろう教育関係者

ろう・聴覚障害を取り巻く問題を考えるにあたり、何より先にはっきり確認しておくべきことがあります。それは、現在のようにろう者が議論を交わせるような時代になったのも、同時法的手話の導入から始まった、当時の聞こえるろう教育関係者の取り組みによってその基盤が作られたからだということです。

一八八〇年ミラノ会議で手話を禁じ純粋口話法を採択したのは、当時のろう教育者でした。まだろう教育の研究が進んでいない時代であり、当時使われていた手話への認識不足と、純粋口話法の限界とその後の悪影響に対する想像力欠如は仕方がない面もあったでしょう。しかし手話を禁じたことによって生じた悪影響について、将来にわたってろう教育関係者は反省し、決して忘れないようにしなければいけません。

一方で、手話を禁止した教育に疑問を感じ、現場から変えていこうとしたのも、またろう教育関係者です。二〇一〇年バンクーバー会議で、その甚大な悪影響を認め、謝罪し、撤回

し、記憶に残し、二度と起こしてはいけないというメッセージを発信したのも、ろう教育者自身でした。そして、日本における手話教育の禁止撤回の先駆者は、さまざまな批判のなかでも一九六八（昭和四三）年に同時法的手話を開発し教育に導入した栃木県立聾学校です。

なにごとも前例主義にしばられる教育行政において、まず手話が「悪いもの」として「禁じられている」状況を打破する必要がありました。当時から伝統的手話があることは教育の現場でも認識されていましたが、日本語の習得を第一にしている学校教育の考え方を利用して、日本語の教育に適した手話なら認められるべきだという考えから、あえて日本語に従った全く新しい手話を開発し、学校に導入しました。当然ながら、ろう者に別の言語を押し付けようとしたというわけではありません。

さらに栃木県立聾学校関係者は、伝統的手話（日本手話）と同時法的手話の中間ともいえる中間型手話について、「私たちは、今後、この中間型手話が多く用いられるようになっていくものと予想しています。」（田上隆司他『手話の世界』二六四頁）と結んでいます。開発者自身も、教育に同時法的手話を導入すれば、伝統的手話と日本語の手話が実際に使われていくなかで、手話にも変化が起きることを予想していました。当時の関係者が現在のような議論になると想像していたかはわかりませんが、少なくとも自分たちの同時法的手話が発端となっているという認識はあると思われます。

ます。

変わらぬ志

また『手話の世界』では同時法的手話の導入が始まったころのことを次のように書いています。

同時法スタート時の栃木県立聾学校校長は故宮本英一先生でしたが、宮本先生は、純口話法で一貫して努力されてこられた方です。栃木校が同時法を採用するに当たっては、まっ先に御指導いただかなくてはならない立場にいらっしゃったわけですから、毎日のように校長先生の御自宅をおたずねして話し合いました。校長先生はいろいろな聾教育界の考え方を御存知でしたので、〔中略〕いろいろな御質問が出て、どう考えるべきか議論を重ねて、検討していきました。

同時法がスタートした後のことですが、純口話法を推進してこられたある大学の先生から、「同時法は宮本校長が推進しようとしているのだから、口話法にマイナスになるようなことは考えていないと思っていた……」という旨のお話をいただきました。他にも同じ気持ちを持たれた方は多かったろうと思います。

（『手話の世界』九一－九二頁）

私はこれらの栃木県立聾学校のエピソードを、バイリンガルろう教育を提唱し、自分たちの学校を作り、今に至るまで私学として孤軍奮闘している明晴学園関係者の苦労と重ねて見ています。

当時の事情をよく知る元都立ろう学校教諭の前田《まえだ》芳弘《よしひろ》氏は、私の取材に次のように答えています。

「当時、バイリンガルろう教育はまだどこにも実践も発想もなかったと思います。一九六八年ホルコム考案のトータルコミュニケーションは、ろう児と聴児が共に生活する幼稚園のコミュニケーション法でした。同年開始の同時法はそれまでと異なる障害観を基盤にして聴覚障害児・者が堂々と暮らし、聴者と共生し、社会的役割を果たせる生き方ができるようにという基本的考え方で発想されていました。驚くほどの未来先取りだと思います。中心にいた先生方は同時法そのものが広がらなくても手話の世界が広がったことに満足しているように思います。

全国のろう学校に手話が広がったのは二〇〇〇（平成一二）年以降で、それ以前の手話を厳しく排除した聴覚口話法時代は、単語指導、発音発語聴能訓練に四苦八苦していました。

子どもたちが、のびのび生き生き学習、活動できるようになったのは、手話が認められるようになってからです。学力も伸び考え方もしっかりしてきたように思います。

私がろう学校に着任したころ、ろう者の文化的社会的活動は皆無といってもいいほどでした。普通高校合格、大学合格なんてことがニュースになる程度でした。今は教育の世界にまだ少ないとはいえろう者もかなりいますし、聴覚障害教員の組織もでき研究会活動もしています。大学生もごろごろいます。さまざまな分野で活躍するスーパースターがたくさんいてよほどでないとニュースにはなりません。放送、アスリート、芸能、手話表現者、写真家、……進路も多様化、本当にこの変貌ぶりは驚嘆です。」

現在と当時で状況が違うのは、日本手話を誇りとするろう者たちが、自ら主張するようになったということだと思います。現在の議論は主にろう者間、すなわち当事者間で繰り広げられているものです。しかし皮肉なことと言えるかもしれませんが、このようなろう者が増えたのも、当時のろう教育関係者が、手話禁止の状況を変えるために、日本語に従った手話を開発・導入した「成果」の一つだということは否定できません。

手話禁止から同時法へ、聴覚口話法からバイリンガルろう教育へという流れは、それまでの手法ではついていけない子どもたちに、教育はどう対応したらいいかという試行錯誤の歴史です。今後はろう者自身が当事者の視点からろう教育を牽引していくことになるでしょう。そのリーダー格となるような人物の輩出において、少なくとも手話禁止と戦ったろう教育関係者の尽力が否定されてはならないと思います。

手話のことは、いったんろう者に委ねるべき

前項で見てきたようなろう教育者の尽力もあって、日本でもろう者自身がろう教育について考え、参画する時代になってきました。もはや、聞こえるろう教育者が一方的に教育法を押し付ける時代ではありません。

過去の事実として、ろう教育は一三〇年間も手話を禁じてきました。また聴覚口話法への手話の活用に注目する時代になっても、聞こえる者にわかりやすいよう音声言語に準じた手話が広がっていました。ろう教育もさまざまな技術や手法が開発されて発展を遂げてきていますが、こと現在の「手話」に関するろう者間の議論の多くは、同時法的手話からはじまったろう教育の歴史が原因となっているのも、また一つの事実です。

ここまで見てきたろう者と手話の歴史・議論から明確にわかるのは、「ろう者が現在も抱える諸問題の原因は、聞こえる日本語母語話者という多数派が、自分たちのロジックでろう者に関わってきたことにある」ということです。聞こえないことが原因ではないのです。

障害者権利条約の精神は、"Nothing about us without us"(「私たち抜きで私たちのことを決めるな」)に集約されています。障害者が無力な存在として扱われ、自分たちは蚊帳の外で物事が決まってきた歴史の反省から出てきた言葉です。

ろう者自身が問題提起し、ろう児の親たちも連携して明晴学園という形で実現したバイリンガルろう教育は、「日本手話」と「書記日本語」、つまり文字になっている日本語とのバイリンガルを目指すものです。読話も発音も教えません。そのような選択に「そんなことじゃ子どもが社会で生きていけない。かわいそうだ。親として無責任すぎる」などと言う人も少なくありません。

実際、日本のろう教育のゴールは音声を含めた日本語の習得であり、明晴学園の実践はあくまで例外的な「教育特区」として認められたにすぎません。音声での日本語を放棄してはいけないというのが現行教育です。このため、多くのろう学校では聞こえる教師がろう児を教育し、さらには一般校から数年単位で異動してくることから、専門性の高い教師が少ないという構図が現在も続いています。

さらには、ろう学校で音声日本語を学び、口話の優秀者になったとしても、社会に出た瞬間からその話し方の不自然さをバカにされ、音声会話の速さについていけないといったことが起き、口話をやめ補聴器を外すろう者は後を絶ちません。聞こえる者が教える学校を卒業し、聞こえる者の社会でそれを否定される。そんな理不尽が積み重なり、ろう文化宣言をきっかけにバイリンガルろう教育を求める動きにつながったのです。

手話という大変複雑に絡み合った、そして言語的社会的少数派としてのアイデンティティに関わる事情については、いったん当事者に委ねるべきであると、私は考えています。そして聞こえる者が作った日本語前提の現行の教育制度も、同じくろう当事者の意見を全面的に聞き入れて作り直していく必要があるでしょう。

2　やさしい日本語の運動から言えること

定義はなくても「やさしい日本語」は政令・省令に載った

ろうあ連盟の手話言語法にしろ、バイリンガルろう教育という選択肢づくりにしろ、行政への働きかけが重要なことに変わりありません。一方、国政レベルの政策には、関係する権限に応じて、法律・政令・省令など、さまざまな段階があります。国会による立法化が必要なものもありますが、既存の法律の枠内であれば、行政府自身が政策を定め実施できます。

すべての政策で国会の議決が必要とされるわけではありません。

筆者はこれまで、やさしい日本語を国策に位置づけたいと活動してきました。「やさしい日本語」という言葉は以前から自治体の政策では使われてきましたが、二〇一八年に政府が外国人材獲得に方針転換すると、文部科学省・総務省などの省令にも記載されるようになりました。二〇二〇（令和二）年には閣議決定事項（政令）にも重点項目として盛り込まれました（法務省「外国人材の受入れ・共生のための総合的対応策［令和二年度改訂］」）。同じく二〇二〇年には入管庁・文化庁が「在留支援のためのやさしい日本語ガイドライン」を発表しました（出入国在留管理庁ホームページ）。

この活動を始めたころ、関係者から「やさしい日本語の定義がはっきりしなければ、法律に記載されるのは難しい」という意見が聞かれました。たしかにやさしい日本語は理念の一種であり、相手の言語レベルもさまざまなので、通じやすい日本語のレベルを一つに規定することはできません。

しかし、そもそも法律における「日本語」の定義はどうなっているのでしょうか。本書第四章一二一頁の引用文のとおり、現行法で日本語は単に「国語」と表記され、公用語としての記述も、言語学的な定義も存在しません。（『手話を言語と言うのなら』）

明治維新直後から、各地の方言の違いに驚いた政府関係者によって、「標準語」すなわち全国民の規範となる「正しい」日本語を作ろうという気運が高まりましたが、その実現は難航し、公文書も漢文調で書かれつづけました。一九二五（大正一四）年にＮＨＫがラジオの全国放送を開始すると、アナウンサーが使う言葉が全国に広まり、全国共通に通じる事実上の「共通語」となりました。終戦後は公文書が漢文調から平文になりましたが、それまでの共通語を使っているにすぎず、現代に至るまで日本に標準語の定めはありません。

では、なぜ「やさしい日本語」は政令・省令に記載されたのでしょうか。

意外なほどあっさりと政令・省令への記載が実現したのは、在留外国人との多文化共生社会づくりに加え、コロナ禍における情報発信などのために多言語対応の重要性と緊急性が高まり、そのなかでやさしい日本語の考え方が政策上必要であると政府関係者に広く認識されたからに他なりません。

このことから考えても、文部科学省や関係省庁が、手話による教育や情報保障が政策上重要であると認識すれば、政令・省令という形で実現することが可能です。手話言語法という、多数の省庁が関係する大きな枠組みの法制化を行い、そのなかで個々の施策を展開していくという考え方も理解できますが、手話の定義において当事者間の議論がまだ必要であれば、**まずは手話に関する個々の施策を政令・省令レベルで実現するという方針も検討されるべき**だと思います。

日本語を母語としない児童生徒への教育整備は始まったばかり

文部科学省は「日本語指導が必要な児童生徒の受入状況等に関する調査」を隔年で実施しており、「日本語指導が必要な児童生徒数」についても公表しています。二〇一九（令和元）年五月一日時点では五万七五九人、そのうち一万二七四人が日本国籍を持つという結果が公開されています。いずれも主に海外にルーツをもつ児童生徒であり、家庭における言語環境などが原因で、学校教育についていくための「学習言語」習得に困難が生じています。

一般に成人の外国人に対する日本語教育は文化庁国語課の管轄ですが、この児童生徒に関する調査は文化庁ではなく、二〇一八（平成三〇）年一〇月文部科学省に新設された総合教育政策局国際教育課が実施・発表しています。国際教育課はもともと初等中等教育局にありましたが、新設の総合教育政策局の下に改組されました。さらにそれまで社会教育の枠組みで男女共同参画共生社会学習・安全課が主管してきた外国人児童生徒問題を国際教育課に移管し、学校教育の枠組みのなかで取り扱うようになりました。

かつては極めて例外的だった日本語を母語としない子どもたちへの教育は、未来の多文化共生社会づくりの大前提ともいえる重要事項と認識され、体制が発足したばかりという段階です。

このような状況を考えると、海外ルーツの子どもたちへの日本語支援が注目されている今こそ、バイリンガルろう教育を検討する絶好のチャンスだといえるでしょう。

文部科学省令でのバイリンガルろう教育の実現に向け、両者協力をすべき

前述のとおり、法律上「日本語」の定義はありません。日本語に公的な規範があるとしたら、文部科学省が定める学習指導要領における「国語」がそれに相当することになるでしょう。検定教科書もこれに従い、授業でもその内容に沿って教えます。学校教育においては文部科学省の裁量が大きく、さまざまな政策を「文部科学省令」という形で実行します。つまり、国語の規範は、法律ではなく、文部科学省の省令で事実上定義しているといえそうです。

同様にろう教育のすべてを決めているのも文部科学省です。文部科学省がバイリンガルろう教育という選択肢を増やすと決めれば、必要とされる手話について省令レベルで定義することになるでしょう。また、教員免許・教員養成もすべて文部科学省の主管事項です。ろう児に対して手話で接し、手話を教えられるろう者の教員を増やすための教員養成課程や教員免許の改定においては、省令レベルで対応できることも多いと考えられます。

仮に複数省庁にわたる法律となる手話言語法に、現在使われている幅広い手話をその定義として盛り込もうとしても、バイリンガルろう教育の科目や教育言語の対象となる手話につ

いては、ろう児が母語として習得しうる範囲、つまりいわゆる日本手話を基本として文部科学省が独自に定めることになるでしょう。このことは、ろうあ連盟もバイリンガルろう教育関係者も合意しやすいことだと思われます。

ろうにかかる最大かつ喫緊の課題は、ろう児が手話を獲得する環境を整え、手話でも教科を学べるバイリンガルろう教育を選択できるようにすることです。そのためには教員免許をもち手話を母語とする、または母語級に堪能なろう教員の育成も同時に推進しなければいけません。

二〇二〇（令和二）年三月に文部科学省が公開した「聴覚障害教育の手引」では、手話に関して次のように踏み込んだ記述が見られます。

> 「手話の捉え方の」議論について、まず、理念的には、独自の文法と語彙を有した手話と日本語の語順に合わせた手話は明らかに異なり、区別することができる。ただ実際に手話を使う言語運用の場面でいえば、手話は連続体であり、独自の文法を持った手話と日本語の語順に合わせた手話が、それぞれ連続体の両端になる。その間で、手話は、本人の手話力や聞き手の手話力によって、様々に変容し、位置付くものであると捉えられる。
>
> ［中略］

ここでは、日本手話と日本語対応手話のどちらの手話を使うべきかという議論ではなく、児童生徒の実態や指導したい内容に応じて、それぞれの趣旨に適した場面で活用していくことが重要である。

（「聴覚障害教育の手引」三二頁）

このように文部科学省が手話についてこれまでにない前向きな姿勢を見せだした今こそ、今後のろう教育政策立案過程にろう当事者が全面的に参画し、考えを反映させる絶好のチャンスです。手話言語法の成立を待たず、今すぐろうあ連盟とバイリンガルろう教育関係者が連携して、バイリンガルろう教育という選択肢づくりに取り組むべきでしょう。

「やさしい日本語」と「情報・コミュニケーション法」の推進連携を

ろうあ連盟とやさしい日本語関係者の連携も可能です。

ろうあ連盟は単独で手話言語法の成立を目指すほか、以下の団体と連携し、手話に限らず幅広い情報保障を実現する「障害者情報アクセシビリティ・コミュニケーション保障法」の成立を推進しています。

財団法人全日本ろうあ連盟
社団法人全日本難聴者・中途失聴者団体連合会
社会福祉法人全国盲ろう者協会
一般社団法人全国手話通訳問題研究会
一般社団法人日本手話通訳士協会
特定非営利活動法人全国要約筆記問題研究会

二〇一七（平成二九）年、ろうあ連盟理事の中西久美子《なかにしくみこ》は、この法案について次のように述べ、その意義について、障害者以外にも必要なものと明言しています。

情報アクセシビリティの保障は聴覚障害者だけではなく、聴覚障害者と共により良い社会環境を築いていく人たちにとっても必要なものであり、憲法で保障されている「生存権」に値するものです。［中略］音声中心の社会に起因する情報アクセス・コミュニケーションの困難さが解消されることを期待しています。

（「情報アクセシビリティの向上及び意思疎通支援の充実」）

ここで多くの読者は気がつくと思います。障害者への情報保障も、外国人への多言語対応も、根本の精神は同じです。現在外国人への多言語対応の動きが活発になっていますが、この流れを障害者への情報保障にもつなげていけば、自然にその運動も加速化されるはずです。

そこで登場するのがやさしい日本語です。

やさしい日本語の研究のきっかけとなった一九九五年の阪神淡路大震災では、外国人住民の死亡率が日本人の二倍ほどありました。また二〇一一年東日本大震災でのNHKによる被災地調査では、障害者の死亡率が同地域の総人口に比べ約二倍でした（藤井克徳「東日本大震災と被災障害者——高い死亡率と生活支援を阻んだ背景に何が、当面の課題を中心に」二〇一二年）。外国人にとっても障害者にとっても、情報保障は命に関わる共通の問題でもあるのです。また、入管庁・文化庁「在留支援のためのやさしい日本語ガイドライン」（二〇二〇）では「「やさしい日本語は」外国人、高齢者や障害のある人など、多くの人に日本語を使ってわかりやすく伝えようとするもの」と書かれています。

ろうあ連盟が目指しているのは、手話を言語ととらえた上での情報保障です。手話が言語であることはすでに障害者基本法でも認知されており、外国人に対する多言語対応の一環として手話を含める流れを作ることは不可能ではないと考えています。そしてこのガイドラインに準じた情報が整備されていけば、手話でも明瞭に通訳ができ、聴覚口話法や書記日本語としても理解しやすいものとして、ろう者のためにも活用できるでしょう。

気になることは、二〇一二年時点では「情報・コミュニケーション法」という仮称だった法案名が、現在は「障害者情報アクセシビリティ・コミュニケーション保障法」となり、「障害者」が付加されていることです。そして、やさしい日本語ガイドラインの名称には「在留支援のための」が付いています。双方が外国人や障害者の枠を越えて重要なものと明言しているにもかかわらず、建て付けとしては特定目的のための施策となっています。

「在留支援のためのやさしい日本語ガイドライン」はまだ始まったばかりで、今後改定・拡大される余地は十分にあります。「やさしい日本語」と「情報保障」が、外国人と聴覚障害者の垣根を越え、コミュニケーションに壁のある人に対する総合施策になっていくよう、現在から関係者が協議を始めるべきではないでしょうか。

「継承語教育」の観点も必要

永住予定で来日してきたブラジル人夫婦が日本で子どもを設けて育てるときに、日本の教師が「日本語の獲得に問題が出るので、自宅ではポルトガル語を話さないでください」といえば、重大な人権侵害だといえるでしょう。

また、国際結婚で海外に移住した人は自分の子どもには日本語をきちんと習得させたいと考える人も多く、さらに南米などに移住した日系人で、自分たちのルーツである日本語を自分で学びたい、子どもに学ばせたいと思っている人もいます。このようなことを「**継承語教育**」といいます。

継承語教育の第一人者である中島和子《なかじまかずこ》は二〇〇三年、母語・継承語・バイリンガル教育研究会発足にあたり、次のように述べています。

三代以上世代を越えて継承できたのはユダヤ人とロマ（俗名ジプシー）だけと言われるほど、飛び火した少数言語と文化の子孫への伝承は難しい。これまで母語の七〇％は三代で消えると言われてきたが、ボーダーレス時代を迎えて、人の移動が激しくなるにつれ、最近は母語が二代で消えると言われる。自然放置すれば消えてしまう継承語を人為的に育て、時代の要請するバイリンガルの人材づくりが可能かどうかはまさに継承語教育にかかっており、この意味で継承語教育は二一世紀の大きな課題である。

（「母語・継承語・バイリンガル教育研究会」を立ち上げる会議事録）

アイヌ語は母語話者がほとんど現存せず消滅危機言語とされていますが、消滅危機の原因は北海道開拓の歴史そのものにあり、日本政府に責任があるといえます。そのため、その保存・継承が急務となっています。アイヌにルーツを持つ人、そして今後アイヌルーツをもって生まれる子どもたちにとって、アイヌ語はアイヌの歴史とともに伝えていくべき大切な財産です。そのような人たちに、アイヌ語をいつでも学べる権利を保障することは、継承語教育の範疇に入ります。日常的には使わないとしても、自己のアイデンティティのために継承語教育を受ける権利は確保されるべきです。

二〇一九（令和元）年に成立した日本語教育推進法では、当初海外に住む日系人や日本人子女に対する継承語教育の考え方が欠けていました。国際結婚で海外に永住して子どもを育てる日本語教育関係者を中心にロビー活動がなされ、同法第一九条に継承語教育が明記されることとなりました。

同様に、手話の定義がどのようなものだとしても、また人工内耳で「治療」に成功したとしても、ろうに生まれてきた人が、辛苦の歴史を知り、語り継ぐために手話を学びたいと思う気持ち、そして現代社会でも手話が生き延び、使われてほしいと思う気持ちを抑えることはできません。

ろうコミュニティが現実的な危機に直面しているなか、日本語を母語とするろう者の継承語教育という視点から手話を保存し、学ぶ権利を位置付けることも重要だと考えます。

日本語教育の苦い経験を、ろうコミュニティ応援のために生かす

人工内耳によるろうコミュニティの消滅という大変難しい問題についても、日本語教育関係者はろう当事者の立場に立つことができます。日本語教育がかつての軍国主義のもとで、植民地支配における皇民化教育、すなわち現地人の同化政策に大きくかかわったことへの反省があるからです。

一九一〇（明治四三）年の朝鮮併合では日本語が国語とされましたが、民族語としての朝鮮語は禁止されませんでした。しかし一九三一（昭和六）年の満州事変勃発後、皇民化を推し進めるために、内地人と朝鮮人を同じ待遇にしようという「内鮮一体」のスローガンが一九三六年に打ち出されました。一九三八年には朝鮮総督府から初等学校に対して「国語を習得せしめその使用を正確にし応用を自在ならしめて国語教育の徹底を期し、以て皇国臣民たるの性格を涵養せんことを力むべし」（第一六条第七号）、「教授用語は国語を用うべし」（同八号）との府令が出されました（一九三八年五月二五日付官報）。これにより皇民化のための国語教育が徹底されました。このころから学校で朝鮮語が使用されなくなりました。

初等教育の場で日本語だけを使用するということは、日本語を母語として獲得させようとすることに他なりません。当時の現地国語教師の多くは、朝鮮人が内地人同様に日本語を話

せるようになれば、同じ臣民として立派に生きていけるという使命で教えたと思われます。それは、当時の価値観・世界観では当然のことだったのでしょう。しかし結果として朝鮮人の徴兵を促進することとなり、多くの若い朝鮮人が日本人として戦地に向かい、亡くなりました。当時問題意識をもっていた教師も、軍国主義の真っ只中、声をあげるなど不可能だったことは言うまでもありません。

戦前の日本語教育は朝鮮だけでなく、台湾や東南アジアでも行われましたが、日本の帝国主義と密接につながったものでした。この苦い経験は現在においても日本語教育者が記憶し、語り継がなければいけないことです。

私はこの経緯が、ミラノ会議で純粋口話法のために手話を禁止し、バンクーバー会議で反省・撤回・謝罪したろう教育の歴史にも似ているように感じています。「聞こえる人になるほうがいい」という考え方は、聞こえる者の価値観であり、聞こえる者が社会を支配しているという前提に立った論理です。かつて植民地において皇民化教育の役割を担ったという歴史を認識している日本語教育関係者なら、たとえ聞こえる者だとしても、「聞こえる人になるほうがいい」という価値観だけが正しいわけではないと、堂々と反論することができます。日本語教育関係者は、ろう児の親を後押しし、ろうコミュニティ維持のために連携できる立場にあるのです。

3　やさしい日本語の視点から手話通訳問題を考える

手話通訳を長く見ると「疲れる」のは、ダラダラ話す人のせい

最後に、やさしい日本語の考え方を応用して、手話通訳の問題を考えてみます。

ろう者には、手話での通訳を長時間見ていると、「疲れていやになる」と言う人がいます。

この原因は手話自体にあるのでしょうか、手話通訳の力量にあるのでしょうか。

私は、そのもっとも大きな原因は

・手話通訳が多くの場合同時通訳であり

・話す人がダラダラした日本語で話しているから

ということにあると思っています。手話ではなく、日本語を扱う側の問題が大きいということです。

日本語のスピーチを他の言語に同時通訳する際、多くの場合、問題点が二つ挙げられます。一つ目は、日本語の述語は必ず文の最後に置かれ、文の結論は最後まで聞かないとわからないということです。「私は（……）に対して、（……）でありますが、あえて反対の立場をとります」という文では、「私は」の後に続く部分が発言者の意見と反することだと、最後になってやっと判明します。英語のように、文の冒頭に述語や肯定・否定を置く言語に翻訳するときの大変な障壁となります。

もう一つの問題点は、日本語がいくらでも文をつなぐことができる言語であるということです。日本語は述語が文の最後にきますが、それを「～ので」「～でも」「～といいつつ」などを使って続けることができます。英語でこのような話し方は構造上不自然です。日本語は思いつきでいくらでも一文を長くでき、それにより相手に会話のターンを渡さないようにすることもできます。このような、日本語話者にしみついた「ダラダラした」話し方は、本当に同時通訳者泣かせなのです。同時通訳者は、それぞれの言語知識とスキルでカバーしながら職務を遂行していきます。

日本語対応手話なら解決できるのか

しかし、一つだけ比較的楽に同時通訳できる場合があるかもしれません。それはいわゆる「日本語対応手話」を使った場合です。

日本語対応手話での通訳は、手指表現にした日本語の単語を、日本語の順番に並べていきます。これは、わかりにくい結論も、ダラダラした構造もそのまま再現できてしまうということです。さらに元となった同時法的手話に比べて助詞が欠落した形で表現されることが多いため、つながった文の接続関係すら不明瞭になります。また日本語では、手話に比べて主語がひんぱんに欠落する傾向があります。

たとえ個々の単語の手指表現がろう者に定着しているものだとしても、ダラダラした文章のなかに並べられ、接続関係や主語まで明確でないということであれば、結局受け手であるろう者が内容を想像しながら自分の手話に組み直していく必要があります。これでは「わからない」だけでなく「疲れてしまう」と感じても仕方がないでしょう。

どんな言語でも、同時通訳者は極めて高度なスキルで伝わりやすい文構造と適切な表現に訳していきます。暑い外気をフィルターで清浄しながら、ここちよい温度に冷やして屋内に流すエアコンのような機能だといえるでしょう。しかし、日本語対応手話では、話し手の話し方をそのまま再現します。外気が快適であればそのまま送風すればすみますが、酷暑のなかでフィルターも温度調整もせず、熱気をそのまま部屋に送ることになったらたまりません。

私はこれまで、「手話通訳を読み取るのは疲れる」とろう者がいうのを、手話の種類の問題だと思っていました。しかし今は聞こえる人の話し方の問題のほうが大きいと考えています。

やさしい日本語で翻訳しやすく

同じく通訳が必要な外国人対応では、英語至上主義から多言語対応にシフトしつつあります。しかし多言語対応には莫大な手間と費用がかかるため、ここでも日本語母語話者側が日本語を調整する技術、すなわちやさしい日本語が求められています。

やさしい日本語が注目されている理由の一つに、それが他の言語に翻訳されやすい形式だということがあります。総務省は二〇一九（平成三一）年に、やさしい日本語がＡＩ多言語翻訳を活用する上でも効果があると認めています。（総務省「デジタル活用共生社会実現会議」報告書）

どんなことを言っても通訳してくれる、というのがこれまでの通訳のイメージですが、実際は、わかりにくい発言はどんな通訳を通じてもわかりにくい結果になります。今後は、書き手や話し手が最初から翻訳されやすいやさしい日本語での表現を心がけることで、ＡＩ翻訳やスキルの浅い通訳者を通じてでも、必要とする人に伝えていくことが大事です。これは行政・団体・企業などだけでなく、多数派である聞こえる日本語母語話者一人ひとりが努めるべきことです。

手話の形式に関する議論について、聞こえる私が深入りすることは避けますが、やさしい日本語を通じた「伝える側がもっとわかりやすく話すべき」という社会の流れにろう関係者も参加することで、手話通訳の問題も改善していくのではないでしょうか。

手話通訳の報酬問題

日本語対応手話による通訳は、日本語の再現性が高いことから同時通訳に向いています。それは言語間の翻訳というよりも、主に形式の変換を行う技術に近いといえるでしょう。そして日本語をそのまま手指で再現することから、まとまった単位で一度区切った後で翻訳する逐次通訳より、話し手が話すのと同時に変換していく同時通訳のほうがやりやすいのは明らかです。しかしこれは一般の音声言語間通訳の常識では考えられないことです。

同時通訳者は、翻訳という高度な技術を、ぶっつけ本番で話し手と同時に行う職業です。言語に関する極めて高度な知識を身につけるだけでなく、特殊な技術として厳しい訓練を受ける必要があります。このため、同時通訳者は逐次通訳に比べて高い報酬が用意されるのが当然です。

一方、手話通訳の待遇はどうなっているのでしょうか。

手話通訳の歴史はろう者に日本語を教えるために開発された同時法的手話から始まり、必然的に同時通訳という形を伴いました。もともとろう学校の聞こえる教師がろう児とのコミュニケーションに使ったものであり、聞こえる人が容易に習得できるように設計されたものです。いわば同時通訳者をかんたんに養成できるシステムです。

ろう者同士が使う手話が言語学的にも日本語と違うと認められるようになると、もっとろう者に伝わりやすい手話になるよう、他の言語と同じ方法で通訳を養成するようになりました。そもそも手話通訳に逐次通訳という段階はなく、全員が同時通訳者です。このことからも、手話通訳者は国際会議における英語や中国語の同時通訳と同じ立場にあり、高度な責任を負う場面においては、他言語の同時通訳者と同様の報酬があって然るべきだと言えます。

手話が独自言語として認められるなかで、手話通訳は外国語の同時通訳と同様の社会的評価を受け、職業として報われているのでしょうか。少なくとも聞こえるろう学校の教師とろう児がコミュニケーションするための手話というレベルの認識を、そのまま手話通訳にスライドするようなことは避けるべきだと考えています。

第六章

日本語教師・やさしい日本語推進者に求められること

1　私たちはどのように当事者の課題に取り組むべきか

いくつかの提案

ここまでろう・聴覚障害・手話に関し、歴史や事実関係を中心に述べ、バイリンガルろう教育関係者と全日本ろうあ連盟の間の議論を整理しました。そしてそれを日本語教師・やさしい日本語推進者としての視点から見直し、ろう関係者に対して提案もしてみました。

本書の最後となる本章では、私たち日本語教師・やさしい日本語推進者が、ろう者・聴覚障害者の抱える課題に対して何を求められ、どのように行動すべきかを提案します。

ろう者に「お互いさま」「歩み寄り」を押し付けることはできない

私は以前ツイッターで

「聞こえる人がろう者と話す手話としては、聞こえる人も習得しやすいと言われる日本語対応手話が一番いいのではないか。日本語はろう者・聞こえる人双方になじみのあるものであり、その日本語をベースとした日本語対応手話を使って、ろう者に音声を押し付けることなく会話できるなら、コミュニケーションの機会が無理なく広がるのでは。」

と問いかけたことがありました。この方法は、日本語母語話者が日本語を調整して（この場合は手指を使って）相手に合わせるやさしい日本語の考え方に近いものと思って、投げかけてみたものです。

しかしこの考え方に賛同するろう者は一人もいませんでした。多言語対応の一つの手段としてやさしい日本語でのコミュニケーションを推進している私にとって、「多数派からの歩み寄り」という考え方に賛同がなかったことはすこしショックでした。やさしい日本語の考え方でろう者に貢献したいという姿勢の再点検を余儀なくされました。

視覚障害者や車いす利用者の移動に関する苦労は日本だけでなく世界中どこでも同じです。しかし、ろう者はろう者のコミュニティにいる限りはなんの不便もありません。これはベトナム人がベトナムに住んでいて不便がないのと同じです。そしてベトナム人が日本に移住したらさまざまな困難に直面するのと同様に、ろう者は聞こえる者中心の社会で苦労を強いられています。

日本人が海外に住むときの困難については比較的想像しやすく、外国人に対して「お互いさま」という気持ちをもつことが容易です。実際国際関係自体、相互主義が原則です。やさしい日本語のセミナーでも「（日本人の）みなさんも海外に住めば同じ立場なのだから、お互いさまの気持ちと寛容な態度で接しましょう」と教えられることが多いです。

しかしろう者に対してこのロジックは成立しません。ろう児は一定の割合で、多くは聞こえる親のもとに、さまざまな地域に分散して生まれます。実体のあるろうコミュニティはろう学校やその寄宿舎に限られ、社会に出るとすぐに聞こえる者中心社会の少数派として位置づけられます。さらに聞こえる者により手話を奪われ、音声言語を押し付けられてきた歴史を生きてきました。地理的にも歴史的にも、かつてろう者が聞こえる者と同じ立場に立ったことはありません。聞こえる人とろう者が双方「お互いさま」や「歩み寄り」の気持ちで接しましょうと、聞こえる者の方から呼びかけるのは無理があるのです。

私がツイッターで投げかけた「（手話に関する）多数派からの歩み寄り」は、結果的に少数派であるろう者にも手話について歩み寄りを求めたものでした。もしもこのような気運が聞こえる人に広まった場合、手話においても聞こえる人のほうが圧倒的多数派となり、「なぜろう者同士は私たちが理解できない手話を使うのか」という本末転倒の結果になるでしょう。

やさしい日本語の社会啓発活動の一環として良かれと思ってしたことも、結果として価値観の押し付けになりえると気づき、私は日本語対応手話を活用するどいう考え方をやめることにしました。

ろう当事者間の問題にはエポケー(判断留保)の態度を取ろう

「母語が手話のろう者にとって、日本語は第二言語として学ぶもの」。これに気づかせてくれた斉藤道雄『手話を生きる』との出会いは本当に衝撃的であり、私の過去の価値観や行動の猛省を強いられました。

手話禁止での聴覚口話法により言語が定着しなかったろう者の歴史、そして言語としての手話の議論など、ろうや手話に関わることはすべて日本語教師の興味をかき立てるものです。日本語教師なら、日本語教育の文脈で、外国人とろう者を同じ第二言語習得をするものとして認識します。ろう者は言語的少数派だとするろう文化宣言をすんなり理解できるのも日本語教師です。私の日本語教育仲間も次々と『手話を生きる』を読み、その影響を受けるようになりました。オンラインでろう者と手話を練習し、かなり話せるようになったという人もいました。

一方、あまりにも過酷な歴史と複雑な事情を知ったショックの反動で、私たち日本語教師はろう当事者間の議論・対立に関して、バイリンガルろう教育の考えに大きく共鳴し、ろうあ連盟の立場に批判的な態度をとりがちです。実際、私もそうでした。特にろう児と保護者一〇七人によるろう児の人権救済申立てに正面から介入するという当時の判断には、現在も疑問を持っています。

しかしこの対立もまた、学校現場での手話禁止の状況を打破するためとはいえ、ろう学校の聞こえる教師たちが日本語に沿った新しい手話を作って導入したことから始まったものです。現時点で多様な手話を使う聴覚障害者がいる以上、今を生きる当事者の人権が守られる社会を作るためには、バイリンガルろう教育だけでは解決策になりません。そもそも手話の定義やろうのアイデンティティについて、手話の母語話者でもろう当事者でもない者が関与することには限界があると言えるでしょう。

二〇一七（平成二九）年に『手話を生きる』と出会ってから、さまざまな方々を訪ねて話を伺いました。そのとき、バイリンガルろう教育に早くから取り組んできた日本語教育関係者が「これまでも熱心に日本語教育関係者向けに情報発信してきたが、彼らの好奇心を刺激するにとどまり、関係者による前向きな動きや連携には繫がっていないかもしれない」と言っていました。日本における主な日本語教授法は音声日本語による「直接法」（日本語で日本語を教える）であり、学習者（ろう児）の母語である日本手話を媒介語として日本語を教えるバイリンガルろう教育は「間接法」の一種です。ろう児に対する第二言語としての日本語教育手法は新宿日本語学校で開発された江副式《えぞえしき》を応用したケースがあるものの、一般の日本語教師がすぐに活用できるノウハウが少なく、日本語教師がすぐにバイリンガルろう教育に役立てる場面が少ないことも事実です。

その分、ろう教師がろう児を教えるバイリンガルろう教育への期待だけが高まり、結果的にろうあ連盟に批判的な姿勢を強めていくことになっているかもしれません。

しかし、多文化共生におけるやさしい日本語が登場し、日本語教師は「社会への働きかけ」という、さらなる活躍の場を得ました。私たちがろう教育の現場で役に立てる場面は少ないかもしれませんが、第二言語習得に関わるものとして、ろう者の事情を社会に伝える手伝いはできるはずです。そして現在注目されているやさしい日本語の啓発活動と連動するだけでも、スムースかつ大きな成果をあげられるでしょう。

そのために私たち日本語教育関係者がまずやるべきことは、ろう当事者間の問題についてすべて当事者に任せ、私たちは「エポケー」、すなわち判断を留保することです。その上で、ろう者が実現したい社会作りを世に伝えていくために協力できることを今から考え、行動に移していくことを提案します。

聞こえないことは障害であっても、ろう者であることは障害ではない

一つたとえ話をしてみましょう。ベトナム語を母語とするベトナム人男性が日本に住んでいます。彼は日本語を第二言語として学び、地域社会で使っています。あるとき彼は職場での事故で聴力をすべて失ってしまいました。当然生活には大変な支障が出ます。この意味で、聴力を失ったことは間違いなく障害に相当します。

しかし、ベトナム語を母語とすることは障害でもなんでもありません。第二言語として日本語を使う彼にとって、さらに聞こえなくなったというハンディはもちろん大変なことです。しかしたとえその後の治療である程度聞こえるようになったとしても、第二言語を操る難しさに加え、日本社会での多言語対応と情報保障が十分でないという問題は解決しません。そしてベトナム語を話すベトナム人というアイデンティティを、日本に住む上での「障害」という人はいません。

このことを、手話を母語とするろう者にあてはめてみましょう。

音声情報に依存している社会でろう者が暮らしていく際、聞こえないことは間違いなく社会的な障害です。しかし、ベトナム人がベトナム語を母語とすることが障害でないように、ろう者が手話を母語とし、日本語を第二言語とすることは、そもそも障害ではありません。

ろうを文化モデルで語るとき、「ろう者は障害者でないと主張すれば、障害者福祉の枠からはずれ、待遇面に影響が出るおそれがある」という当事者からの心配が聞かれるようです。しかしそんなことはありません。もともと身体障害者手帳の聴覚障害等級は聞こえにくさだけが基準となっており、母語の違いや日本語の運用能力などとは関係ありません。聞こえないことで中途失聴者が困ることは、すべてろう者も困ることです。圧倒的な音声言語社会における住みにくさについて、公的な補助や福祉での対応を求める権利がなくなるわけではありません。

しかし手話を母語とするという視点に立てば、ろう者は間違いなく言語的マイノリティであり、外国人など他の言語的マイノリティと同列に扱われるべきです。この点をきちんと世に伝えられるのも、多文化共生にかかわる日本語教育関係者です。

2　私たちにできること

「日本語教師」としてバイリンガルろう教育関係者に協力しよう

日本語教育推進法が成立し、もっとも重要なことの一つに位置づけられているのが、海外にルーツをもつ児童生徒への日本語教育です。日本語を母語としない児童生徒を学校教育でどのように対応していくかは、これからやっと整備されていくという段階です。これは日本語教育関係者が詳しい領域ですが、学校教育では教員免許が前提となることもあり、今後学校教育制度の枠組み自体の再検討と合わせて推進していくことになります。もちろん日本語教育関係者もその意思決定には関与していかなければいけません。

海外ルーツの児童生徒に注目した教育制度の再構築は、日本語を第二言語として習得する子どもを想定した「バイリンガル教育」を学校教育に導入することに他なりません。そこに「日本語を母語としない児童生徒にろう児も含まれて当然」と主張できるのは、日本語教育関係者です。

バイリンガル教育では、相手の母語や言語環境において細かい対応が求められます。同じ海外ルーツでも親の出身が漢字圏か非漢字圏かで言語教育の方法は大きく違います。親のどちらかが日本語を話す場合と両方とも話さない場合でもまた違います。同じように、日本人児童でも、耳が聞こえるか聞こえないか、聞こえる親か聞こえない親かによって、違う教育方法が必要になるでしょう。バイリンガルろう教育は、バイリンガル教育に内包されるものであり、私たち日本語教師の提案次第で、バイリンガルろう教育という選択肢を増やせると思っています。

もちろん、私たちがバイリンガルろう教育に詳しいということはありません。私たちはあくまで海外ルーツの子どもに対応する「ついでに」バイリンガルろう教育の枠組みを作るだけでも十分です。このようにして、バイリンガルろう教育関係者だけでは不可能だった選択肢作りが実現できるでしょう。そしてこのことは、ろう児が手話を母語として習得することを望むろうあ連盟とも連携できることに違いありません。

「やさしい日本語推進者」として当事者のための社会実現を応援しよう

学校教育でバイリンガルろう教育を導入するとき、そこでの「手話」の定義は、ろう児が早期に習得しやすいよう、通常使われる手話と比べて限定的な範囲の、いわゆる日本手話と同義のものになることが想定されます。いずれにせよ、それも当事者間で議論して決めるべきことです。

一方、今を生きるろう者たちは、ろうあ連盟が言っているとおり、さまざまな形の手話を使っています。それらの人に対する情報保障には、それぞれにとっての手話を尊重する必要があります。日本手話を母語とすることをアイデンティティと自認する人も、情報保障の観点からそれ以外の人の権利を制限することを望んでいるわけではありません。そもそも日本語だけでなくどんな言語も方言や発音・アクセントの違いを含んでいます。情報保障の精神からも言語は大きな枠組みでとらえておく必要があり、この点でろうあ連盟の主張は理にかなっているといえるでしょう。

また、多様性を重んじる多文化共生社会づくりにおいて、言語は平等です。外国人との関わりが深い日本語教育関係者としては、手話言語法のように手話だけを取り立てた言語政策よりは、情報・コミュニケーション法のようにさまざまな言語や形式での情報保障を進めることに共感でき、ろう関係者との連携を歓迎する人も少なくないでしょう。

やさしい日本語のある社会を作ろう

さらには、補聴器や人工内耳を活用した聴覚口話法による日本語コミュニケーションで、聞こえる人に近づくことを選んだ聴覚障害者には、はっきりした音声や、きちんとした口形で発音することが重要です。やさしい日本語の基本である「はっきり・さいごまで・みじかく」言う「ハサミの法則」で話すことを、聴覚障害者のためにも広めていきましょう。

そしてやさしい日本語が目指す、さまざまな形の日本語に寛容な社会づくりは、手話を母語とする・しないにかかわらず、音声日本語に苦労している人たちが等しく望んでいることです。

やさしい日本語に関わる人全員が、ついででもいいので、ろう者・聴覚障害者をはじめとした人たちの情報保障推進活動を応援しながら、外国人に限らないさまざまな日本語のあり方に寛容な社会作りを進めていく。そんな未来を願ってやみません。

おわりに――ろうと手話の未来のための提言

ろうあ連盟「手話はひとつの言語である」の真意

この本を執筆するにあたっては、出版前に関係者に事実誤認がないかをチェックしてもらうことで進めてきました。もちろん事実であることを確認しても、その関係者が論点に賛同するかどうかは別です。

私はろうあ連盟に本書の件で相談したときに、一番の疑問だった「ひとつの手話」ということばについて質問をぶつけてみました。それに対して明快な回答をいただき、書籍への収録許可を得たので、以下にやりとりを転載します。

筆者　間違った理解をしないためにひとつだけ確認させてください。山内文書への反論にもある「手話を「ひとつの言語」と主張」という部分ですが、この「ひとつの」は、日本語としては二つの意味にとれることに気がつきました。

（1）手話はひとつの言語＝ろう者の使う手話はほかの英語やフランス語などと同様、言語の一つである。

（2）手話はひとつの言語＝ろう者の使う手話はさまざまな形をもったものもあるが、総体として一つの言語として認識できる。

どちらのことをおっしゃっているのか、教えていただけますでしょうか。

連盟　（1）の意味です。日本語は一つの言語という言い方と同じです。〔通常は〕「手話は言語である」という言い方をしています。

この回答を受け、私のさまざまな疑問が氷解しました。ろうあ連盟が山内文書への反論で書いた「**ひとつの言語」は「言語の一つ」という意味であり、数を数えるものではなかった**のです。「ひとつの言語」という表現に間違いはありませんが、日本語の多義性が原因で、誤解を生じやすいものだったと思われます。いずれにせよ、言語としての手話の議論のなかで、ろうあ連盟の姿勢を「ひとつの手話路線」との表現で批判することは不適切です。

ろうと手話の未来のための提言

ここで、ろうと手話の未来のために、三つの提言をしたいと思います。

①議論は必要である。しかし、分裂は避けるべきである。

ろう者が自然発生的に手話をつくり、さまざまな迫害にもかかわらず継承してきたことは、ろうあ連盟に限らず、ろう者のみなさんが誇りに思っていることです。かつて「手真似」とされたものを、「手話」という言葉を作って新しい地位を築いたことは、ろうあ連盟をはじめとしたろう者の活動の大きな成果の一つでしょう。

しかし、現在の手話には、聞こえるろう教育関係者が音声日本語の影響を残してきた歴史があり、それが今も使われていることに不満をもつろう者がいることも事実です。さらに現在ではろうあ連盟が中心となり、ろう者の発想で手話の表現や語彙を現代に合わせて発展させています。その過程では、これまでの音声日本語の影響をどう残しどう排除するか、また最近作られた単語などがどう定着していくか、ろう者間での議論を避けることはできません。

ろう者間の議論自体が手話の未来を発展させると言っても過言ではないでしょう。

そのなかで、もしもろうあ連盟が、過去の歴史をすべて抱えた現在の「手話」を、一旦まとめてすべて「手話言語」と言い換えようとしているのであれば、何らかの形で実現する際には、歴史的にも諸問題を内包する現代の手話について、ろう当事者団体の責任として、交通整理する必要があると考えます。

また、ろうあ連盟が中心となり現代および未来に向けて手話の発展に取り組んでいることが、現時点で定着していない、または人工的な感じがあるといった印象をもって、一方的に批判されることも避けるべきだと思います。言葉も文法も時代によって変化していくものであり、明治以降に書かれた小説に出てくる会話も、現代では使われていない単語や表現がたくさんあります。いつの時代も言葉の変化については議論が起こるものですが、定着するもしないも、実際に使う人たちと、時が決めることなのです。

手話の未来のためには、議論が必要である。しかし、分裂はなんとしても避けるべきである。手話に関して、専門家でもない私ですが、これだけはろう関係者にお願いしたいと思っています。

②唯一の当事者団体であるろうあ連盟の立場を尊重しよう。

ろうあ連盟は『手話を言語と言うのなら』への反論文である「手話言語法とろう教育（3）」で、次のように述べています。

例えば、昭和四〇年代から五〇年代にかけて「伝統的手話・中間型手話・同時法的手話」がろう教育の世界で流行り言葉のように多く使用されてきましたが、これは音声言語（日本語）優位の思想を基準とした「手話」の区分です。（久松三二「手話言語法とろう教育（3）」四頁）

文中で「流行り言葉のように」と否定的なニュアンスで描写されていますが、「伝統的手話・中間型手話・同時法的手話」は、栃木県立聾学校他がTC法を推進していた時代に、境界線はあいまいだとしても、実際にろう教育関係者で使用されていた言葉です。この文により、ろうあ連盟がろう教育での区分を認識していたことがわかります。しかし連盟が音声言語から作られた同時法的手話を音声言語優位と批判し、ろう者が普段使っている言葉をろう教育による区分で分けたくないという考え方も十分理解できます。連帯が必要なろう運動の視点からは、手話の分類に何の得もないからです。

一方バイリンガルろう教育関係者の主張は、現在ろう者が普段使っている手話には、伝統的手話としての「日本手話」と、中間型手話および同時法的手話に相当する「日本語対応手話」があるということです。バイリンガルろう教育関係者に限らず、ろう教育全体にとっても、手話を二種類（日本手話と日本語対応手話）もしくは三種類（伝統的手話・中間型手話・同時法的手話）とする見方があることは紛れもない事実です。

これまでの聞こえる教師によるろう教育は、「（伝統的）手話を教える」ことはしなかったため、日本手話（伝統的手話）について言語学的なアプローチはしてきませんでした。そこにろう当事者からはじまったろう文化宣言およびバイリンガルろう教育が現れ、それまでのろう教育の場から生まれた手話を批判し、母語としての手話獲得とろう教育の両方を、言語学および第二言語習得の手法で自ら取り組むようになりました。

一方ろうあ連盟はろう運動の観点から、手話は言語だとしつつもろう教育の分類で手話をとらえることを否定しています。このため、ろう運動の価値観をもつろうあ連盟と、言語学およびろう教育の価値観をもつバイリンガルろう教育関係者が、言語としての手話について同じテーブルで議論するのは不可能に近いといえます。ここに、ろうあ連盟とバイリンガルろう教育関係者の対立の本質があり、社会に向けたろう運動を優先しなければいけないろうあ連盟の立場が一層解決を困難にしています。

筆者は、バイリンガルろう教育の選択を早急に実現することがなによりも大事だと考え、そのためにはろうあ連盟の動きやすい環境を作ることが最優先だと思っています。唯一の当事者団体であるろうあ連盟の立場を危うくすることは、ろう運動の停滞や衰退を招き、結果的にろう者のためにならないと考えています。そのために私ができることは「知恵」程度のことかもしれません。しかしこのような本を出すことを決心した以上、最後に提案させてください。

③「日本手語」と「手語」という言葉でまとまろう。

本書では、ろうおよび手話に関わることについては当事者にまかせるべきだと提言しました。しかし、長年コミュニケーションを仕事としている立場から、一つだけ、手話の呼称に関して、現実的で中立的な提言をさせてください。すべての関係者は「日本手語」および「手語」という言葉でまとまろうということです。

なお、これは日本語での呼称についての提言であり、これによって「手話」を表す手話表現（両手を向かい合わせにして、人差し指を立ててぐるぐる回す）が変更されるわけではありません。

第四章で述べたとおり、ろうあ連盟久松氏は、韓国の「韓国手話言語法」で「手話言語」の略称としての「手語」という表現を高く評価しています。さらに同氏は、日本では「手話」という言葉になじみが強いので、「手話語」という言葉での定着が望ましいと述べています。いずれにせよろうあ連盟も利便性の面から「手話言語」の略称を作ることを否定していません。実際「手話」という漢字二文字、音節でも二音節のシンプルな言葉を、四文字・五音節の「手話言語」と言い換えるのは不便だと感じる人も多いでしょう。

また「手話言語」という表現を日本における当然の正式用語として使うのなら、その対義語は日本という言葉を含まない「国語」となります。「国語」という言葉は、日本において何の定義もなく当然のものとして使われている用語です。この表現自体が琉球語やアイヌ語などと同列の言葉にはなりえず、日本における唯一の言語として、少数言語の迫害につながってきたと考えられます。日本の手話も日本における少数言語であるとするなら、「韓国手話言語法」にならい、他国のろう者との連帯も考慮して、原則として「日本手話言語」と呼ぶべきでしょう。これなら対義語は国語ではなく「日本語」となり、政治的にも妥当な姿勢（Political Correctness、ポリティカル・コレクトネス）であるといえます。

さらには、国内にもアメリカ手話やフランス手話など別の手話言語を使用する人がいることも考慮する必要があります。音声言語でいえば「多言語対応」という形で各種政策が進められていますが、すべての言語に日本語と平等な扱いをすることは事実上不可能です。このため、必要場面での電話通訳など母語使用を保障しつつ、日本語教育の保障と、やさしい日本語でも生活ができる社会づくりが進められています。

ろう運動にあてはめると、ろうあ連盟がアメリカ手話などすべての手話言語を平等に扱うことは、理念的には正しくても現実味に乏しいと言わざるを得ません。まだ発展途中である日本のろう運動において、現時点でろうあ連盟がそこまで担う必要はないでしょう。提案中の手話言語法の枠組みで対応するなら、その理念である「手話言語の獲得：手話言語を〝身に付ける機会〟を保障する」という権利を、他の手話言語話者にもあてはめればいいと考えられます。この際、音声日本語では「外国人に国語教育を保障する」といわないように、他の種類の手話言語話者に対し、一般名詞である「手話言語」を日本固有のものとして押し付けるのは好ましくありません。日本において保障されるのは「日本の手話言語」、すなわち「日本手話言語」であると明確にしておく必要があります。

しかし、いかにポリティカル・コレクトネスが大事だとしても、「手話言語」よりさらに長い「日本手話言語」という六文字八音節の単語が、日常的に使われる言葉として受け入れられることはありません。人が気軽に口にできない言葉は決して広がりません。そこには略語や愛称が必要になります。「日本手話言語」を略すなら、ろうあ連盟が評価する韓国の

「韓国手語（한국 수어）」という表現同様「日本手語」というのがもっとも妥当なはずです。

この「日本手語」という言葉に関係者が合流するため、次のような調整が考えられます。

●全日本ろうあ連盟

・「日本における手話言語」のことを「日本手話言語」といい、「日本手語」と略す。

・手話言語法の実際の法制化の段階ではポリティカル・コレクトネスの観点から「日本手話言語法」という名称を検討する。

・（日本）手話言語法の略称は「（日本）手語法」、各自治体の手話言語条例の略称は「手語条例」とする。

●バイリンガルろう教育関係者

・「日本手話という言語」という意味で「日本手話言語」という言葉を認識する。

・さらにその略称として「日本手語」という。

このように、「日本手話言語」という政治的にもっとも妥当な表現を、立場に応じて「日本の手話言語」と「日本手話という言語」という別々の視点のまま、「日本手語」という共通の言葉に合流することを提案します。

さらに社会一般への普及のためには、メディアが取り上げやすい形も用意することが不可欠です。そのためには、もっと短縮した「手語」も公式に使用し、「「手話」から「手語」へ」といった端的な表現で、見出しに採用されるようにするとよいでしょう。

ジェンダーの視点から「看護婦」は「看護師」になり、国公立大学の独立法人化では「教官」は「教員」になりました。以降ジェンダーバイアスの強いさまざまな職業名はニュートラルな呼称となり、公職でもないのに安易に「官」を使った「面接官」や「試験官」といった言葉は、「面談員」「試験員」のように言い換えられ、言外に権威を振りかざす姿勢が否定されています。このように呼称の変更は、その領域の発展におけるターニングポイントの象徴となっています。「手語」という新語にも、手話を言語として認める時代になったということをシンプルに伝える力が感じられます。

ろうあ連盟はすでに韓国の「韓国手語」という表現を高く評価していますので、「日本手語」という言葉に反対する理由はありません。「日本手語」という用語での合流は、バイリンガルろう教育関係者が受け入れるかどうかにかかっているといえます。

もともと、手話はろう者の固有の言語だと力強く世に示したのもバイリンガルろう教育関係者です。そしてろう児が自分の母語で教育を受ける権利の一刻も早い実現を望んでいます。それが可能になるなら、呼称にこだわる理由はありません。第四章で書いたようにバイリンガルろう教育関係者のなかにも、国際的に"Sign Language"とされる言語を「手話」と訳すことのあいまいさについて問題意識があることが確認されています。

金澤貴之《かなざわたかゆき》は、「もしも木村［晴美］が［Japanese Sign Language（JSL）の訳語を］「日本手話」ではなく「日本手語」と命名していたらどうなっていたかと考えると［中略］興味深い。［中略］馴染みのない言葉ゆえに定着せずに終わったかもしれないが、その逆に「独自の文法を持つ聾者の言語」としてのテクニカルタームとして定着したならば、「手話」の下位カテゴリーとして「日本手語」と「手指日本語」とが、補完し合う対立項として使用されることになったかもしれない」と述べています（「手話言語をめぐる法制化と人工内耳をめぐって」二〇一六年）。

「日本手話」でも「日本手語」でもろう文化宣言当時の反響や反発には変わりがなかったでしょう。しかしろうあ連盟が「韓国手語」という言い方を支持しているのが明確になった現在であれば、着地点として「日本手語」という呼称は現実的なものになりえると思います。

前述の久松論文では、「手話」という言葉はなじみが強いので、一番短い略語として「手話語」という言葉が望ましい、としています。ここでいう「なじみが強い」は、もっぱら聞こえる人の間でのことを指すことになります。「日本手語」の略語を日本語でどのように表現すべきかについては、一般の聞こえる人、および世の中に広める役割を担うメディアの意見も聞いたほうがいいでしょう。

そして聞こえる親や協力者を含むバイリンガルろう教育関係者もその一部です。ここまでの激論を経て、バイリンガルろう教育関係者が次のステップのために「日本手話言語」という呼称を受け入れることになれば、せめて略称ぐらいは彼らの意見が尊重されてもよいのではないでしょうか。ここで関係者が広く合意する略語ができれば、メディアも報道しやすくなります。

このように、バイリンガルろう教育関係者はろうあ連盟の社会運動論上の立場を認めて協力し、ろうあ連盟はバイリンガルろう教育関係者の望むろう教育について真摯に受け止め、両者が「日本手語」と「手語」という言葉に落ち着けば、今後のろう運動・ろう教育の大きな前進となるでしょう。

本書の提案である「手話の種類の議論についてろう者に任せる」ためにも、まず「日本手語」および「手語」という呼称でいったん合流することが最善だと信じています。そこまでは、本書を書いた者の責任として、お手伝いができればと思っています。


ろう児の親は、ろうコミュニティと手話の最強応援団であるはず

人工内耳の登場により、これから生まれてくるろうの子どもを、音声日本語を母語とする難聴児として育てるか、手話を母語とするろう児として育てるかは、親の「選択」に委ねられることになりました。しかし、実態は「選択肢がある」といえるものでしょうか。

二〇一九（令和元）年の全国ろうあ者大会で採択された新生児聴覚スクリーニング検査における環境整備を求める特別決議の前文で、ろう児の親に対して次のように触れています。


検査はろう乳幼児だけのためにあるのではありません。当然ながら両親のためでもあります。検査によって難聴が早期発見されることは、すなわち我が子が聞こえないという事実を受け入れるための土壌の形成につながります。そのためにはろう乳幼児のコミュニケーションを早期に確立できるよう、まずその基盤となる、親子関係をしっかりしたものにするためにも保護者への相談支援、学習支援が必要です。

（ろうあ連盟「新生児聴覚スクリーニング検査における環境整備を求める特別決議」）


ろうあ連盟が述べているとおり、子どもの障害については親がその事実をそのまま受け入れることが何より大事です。

さらに、ろう者として生きる選択肢があることを示すために、三番目の決議事項で次のように書いています。

将来を見通した人生設計ができるよう正確で公平な情報提供を図るため、聴覚障害当事者、福祉関係者、行政、教育関係者、医師等を含む「社会モデル」に立脚した公的相談機関を設置すること
（同前）

ここに書かれた「公的相談機関」は現時点では実現しておらず、それまでは、医療従事者・医療機器メーカーなどによる「医療モデル」での情報提供が拡大する一方ということになります。

また「社会モデル」に立脚した情報発信やケアが進められたとしても、親にとってはあくまで聞こえる者の社会での生きづらさを解消し活躍できるかどうかが主眼となります。いくら手話のある社会づくりを目指しているといっても、手話で学ぶ機会すら極めて限られているなかで、社会モデルでの説明が親に響くのか、疑わしいところです。

このように、医学モデルにしろ社会モデルにしろ、ろうを障害論で語っているうちは、その瞬間にも難しい選択を迫られている親たちの支持を得ることは難しく、結果ろうコミュニティが存続していく可能性はゼロに近いでしょう。

では、ろう児をもった聞こえる親にもっとも説得力をもって選択肢を伝えられるのはだれでしょうか。それはかつて同じように我が子の聴覚障害をありのままに受け止め、ろうとしてのアイデンティティを育て、世に送り出した、聞こえる親たちではないでしょうか。

前記決議のような公的相談機関を設置するのであれば、ろう児を育てた経験をもつ聞こえる親たちを入れることは必須だと思います。初めて手話に触れる親には、ろう当事者が手話通訳を通じて話すより、先輩の親が直接日本語で話をするほうが、伝わりやすいことは明らかです。

そして公的相談機関を待たずに、ろう児として育てることを地道に啓発し、かつ受け皿となっているのが明晴学園です。その在校生・卒業生の親たちを含む関係者、特に聞こえる関係者は、自らも手話を学んで子どもたちと接しています。手話の定義の議論を超えて、ろうコミュニティを将来にわたって残していくための、聞こえる人たちによる最強の応援団だといえるでしょう。

公立ろう学校の先生方への提言

本書については、事前にさまざまな立場の公立ろう学校教員の方々にも内容をお見せしました。そして「公立学校として多様なニーズにすべて対応するのは困難」「できることからはじめている現場もある」「現在のろう教育に感謝して社会に出た卒業生もいる」といったご意見をいただきました。このご指摘もまたまぎれもない事実だと思います。

現在、義務教育における「言語の壁」は、ろう教育だけの問題ではなくなっています。日本語を母語としない、または家庭内言語が日本語でない海外ルーツの子どもたちが、どうやって「日本語を」学び、どうやって「日本語で教科を」学ぶか、すでに大きな課題になっています。義務教育としての「国語教育」のゴールと、言語習得としての「日本語教育」のゴールは明らかに違います。これまでも公立学校の先生方は海外ルーツの子どもたちと向き合い、現場において可能な範囲でベストを尽くしてきたのだと思います。

しかし、政府が外国人材受け入れという大きな方針転換をしたことから、政策パッケージのなかにこれら海外ルーツの子どもたちへの教育が重要事項として位置付けられるようになりました。そして国語という科目と日本語という言語習得を同じ学校でどのように対応するのか、今後議論されていきます。

私の提案は、このように公教育全体で「日本語」について改めて向き合うことになった現在、ろう教育も新たな視点から教育行政で検討されるいいチャンスになっているのではないか、ということです。公教育関係者にとって、母語という考え方はもともとなじみがないものだと思います。母語は本人のアイデンティティにかかわることであり、それを尊重しながら教育するというのはどのようなことか、　現場に携わっているろう教育者も新たな価値観として議論に参加してほしいと思います。

また、公立ろう学校の先生方に共通したコメントは、「やさしい日本語という考え方には共感する」というものでした。どんな手話の形であれ「手指を動かせば伝わる」と考えている人は多く、ろう教育の現場でも困ることがあるようです。話す本人がやさしくわかりやすい言い方を心がけることがもっとも大事だという点には大いに賛同をいただき、さらにそれが外国人向けには社会的な動きになっていることに驚きを感じてもらえたようです。

外国人向けの日本語教育や、やさしい日本語は、もともと自治体などが独自に取り組むことが多く、予算の裏付けもほとんどない試行錯誤的なものでした。しかし現在、日本語教育推進法という法律に加え、やさしい日本語が各種政令・省令に盛り込まれるようになったのは、地域社会だけでなく、地方自治体や教育の現場の声が集まり、国政を動かしたからにほかなりません。公立ろう教育の関係者も、私たち日本語教育関係者・やさしい日本語推進者と一緒に、「言語に壁がある」子どもたちのために、さまざまな手法について提起・議論し、多様な教育機会を実現できるよう、文部科学省に働きかけていってほしいと思います。

「手話の種類に関する議論はいったんろう者に任せるべき」というのが本書の主張ですが、ろう教育については、「バイリンガルろう教育という選択肢を増やすべき」と主張するものです。決してバイリンガルろう教育に統一すべき、またはバイリンガルろう教育がもっとも優秀だと言っているわけではありません。その上で、多様なニーズにおけるろう教育を実現するために、公立ろう学校関係者の役割はこれまで以上に重要になるでしょう。一九七九（昭和五四）年に書かれた田上隆司他『手話の世界』の次の節は、現在においても金言です。

「手話に対する立場はいろいろあるが」一つの立場だけで手話を見るのは、問題を残しがちです。教育上の必要性だけで手話を論じ、成人聾者の社会生活への影響を考慮しない発言は、教育上からも本当の解決策ではないと思います。又教育上の必要性を無視した社会生活の現実的必要性からだけの発言は、その場しのぎの解決策になりやすいと思います。さらに、手話のことばとしての特徴を無視した解決案は、視野が狭くなり根本的な誤りをおかしがちです。逆に教育や福祉の必要性に理解を示さず、言語学的知識からだけ発言したものは机上の空論にすぎなくなってしまいます。可能な限り総合的に把握することが必要であると思います。

（『手話の世界』七二頁）

やさしい日本語と聴覚障害者がつながった瞬間

私が本書を執筆しようと思ったのは、拙著『入門・やさしい日本語』を書いているときに、聴覚口話法で聞こえる人と向き合っている聴覚障害者について深く考えたことがきっかけです。

私がろう者に注目した当初の認識は、「手話を母語とするろう者は、日本語との向き合いが外国人と同じ」というところにとどまり、講演の最後にこの視点を紹介して、外国人と同様にろう者の日本語の間違いにも寛容になりましょうと話してきました。全面的にバイリンガルろう教育の視点、そして日本語教育の視点から見ていた、ともいえます。しかし私が取り組むやさしい日本語はもっぱら口頭のコミュニケーションについてのものなので、読話も聴覚活用もしないいろう者とやさしい日本語の接点を見出すことはできませんでした。

『入門・やさしい日本語』を書き進めるうちに、聴覚口話法を使って私たちと音声でコミュニケーションする人たちに、私が書籍で提唱する「はっきり・さいごまで・みじかく言う」という「ハサミの法則」の枠組みが当てはまることに気づきました。このときから本当の意味で、やさしい日本語の活動と中途失聴を含む聴覚障害者のことが、私の中でつながったのです。

その後『入門・やさしい日本語』認定講師養成講座をZｏｏｍ上で開講して、六六名の受講者に対して私のいつもの講演をひととおりしたところ、「ろうや手話についてもっと知りたい」という声が殺到し、改めてこのテーマにフォーカスした講義をすると約束しました。そのために歴史や事実関係を詳細に調べ、ろうあ連盟の発信情報を読み直していくなかで、バイリンガルろう教育関係者の主張との「位相の違い」に気がつきました。対立のように見えて、すれちがっているだけなのかもしれない、と思いました。

そして考えを整理していくなかで、私たちが「日本語教師」と「やさしい日本語推進者」という二つの視点からそれぞれ協力すれば、袋小路に入り込んでいる当事者の状況を変える助けになれるのではないかと思うようになりました。

書き上げたプレゼン資料をこれまで親交のあった明晴学園の先生方にもチェックしていただき、さらには、縁をたぐって筑波技術大学の大杉豊《おおすぎゆたか》教授、全日本ろうあ連盟の倉野直紀《くらのなおき》本部事務所長にもご覧に入れ、関心をもっていただきました。そして受講生への講義本番では、UDトークの文字保障をつけてろう関係者の方にも傍聴してもらいました。期待どおり受講生からの反応は大きく、自分たちがこの状況に貢献できるポイントもスムースに理解してもらえました。この手ごたえから出版を決意したものです。

本書の出版をきっかけに、日本語教師・やさしい日本語推進者の方々にろうと手話について広く関心をもってもらうだけでなく、ろう当事者の方々にも日本語教師・やさしい日本語推進者が味方であることを知ってもらいたいと願っています。そして、漂流しているろうコミュニティという船を、少しずつ本来の航路に牽引するタグボートのような存在になれるよう、これからも仲間を広げていきます。

さらには、中途失聴など聞こえにくい人、そして視覚障害や知的障害などのある人にも情報にアクセスする権利を保障する社会を構築していく上で、やさしい日本語への取り組みはあらゆる形式に変換する前段階として等しく必要になるものです。行政や施設だけでなく、メディアや広告など、情報発信に責任を負うすべての組織や人たちが、さまざまな人のための情報保障という観点からやさしい日本語に取り組んでいくようになるために、関係者と協力していきたいと思います。

本書の出版にあたっては、さまざまなろう当事者・ろう教育関係者の方々からのアドバイスをちょうだいしました。また東京大学大学院博士後期課程の佐藤理恵子さんにファクトチェックなどで多大な協力をいただきました。そして、『手話の学校と難聴のディレクター

――ＥＴＶ特集「静かで、にぎやかな世界」制作日誌』を世に出した編集者である筑摩書房の藤岡美玲さんとの出会いで、短期間に本当に素晴らしい内容に仕上がったと思います。皆様に心より感謝を申し上げます。

二〇二一年九月

吉開　章

参考文献

庵功雄『やさしい日本語――多文化共生社会へ』岩波新書、二〇一六年
金澤貴之「手話言語をめぐる法制化と人工内耳をめぐって」『社会言語学』(16)、二〇一六年
亀井伸孝、秋山なみ『手話でいこう――ろう者の言い分 聴者のホンネ』ミネルヴァ書房、二〇〇四年
木村晴美『日本手話とろう文化』生活書院、二〇〇七年
クァク・ジョンナン『日本手話とろう教育――日本語能力主義を超えて』生活書院、二〇一七年
現代思想編集部(編)『ろう文化』青土社、二〇〇〇年
斉藤道雄『手話を生きる』みすず書房、二〇一六年
佐々木倫子(監)全国ろう児をもつ親の会(編)『バイリンガルでろう児は育つ』生活書院、二〇〇八年
佐々木倫子(編)『ろう者から見た「多文化共生」』ココ出版、二〇一二年
佐藤泰正(編)『特別支援教育概説 改訂版』学芸図書、二〇一一年
塩田健夫『遠藤董と盲・ろう教育』今井書店、二〇〇八年
白井恭弘『ことばの力学――応用言語学への招待』岩波新書、二〇一三年
全国ろう児をもつ親の会(編)『ぼくたちの言葉を奪わないで!――ろう児の人権宣言』明石書店、二〇〇三年
全国ろう児をもつ親の会(編著)『ようこそろうの赤ちゃん』三省堂、二〇〇五年
全日本ろうあ連盟(編)『手話言語白書――多様な言語の共生社会をめざして』明石書店、二〇一九年
高嶋由布子、杉本篤史「人工内耳時代の言語権―ろう・難聴児の言語剥奪を防ぐには―」『言語政策』

（16）、二〇二〇年
高橋純一、松崎博文「障害児教育におけるインクルーシブ教育への変遷と課題」『福島大学人間発達文化学類論集』（19）、二〇一四年
田上隆司『聴覚障害者のためのトータルコミュニケーション』日本放送出版協会、一九八五年
田上隆司、森明子、立野美奈子『手話の世界』日本放送出版協会、一九七九年
玉田さとみ『小指のおかあさん』ポプラ社、二〇一一年
土岐哲「聞き手の国際化」『日本語学』一三―一三、明治書院、一九九四年
鳥越隆士「スウェーデンにおけるバイリンガル聾教育の展開と変成」兵庫教育大学研究紀要、二〇〇九年
長嶋愛『手話の学校と難聴のディレクター――ETV特集「静かで、にぎやかな世界」制作日誌』ちくま新書、二〇二一年
中島武史「日本手話の解放運動は何に力を注ぐべきか」『社会言語学』（17）、二〇一七年
中島武史『ろう教育と「ことば」の社会言語学』生活書院、二〇一八年
中島武史「コーダイメージと言語意識」『社会言語学』（19）、二〇一九年
中西久美子「情報アクセシビリティの向上及び意思疎通支援の充実」『ノーマライゼーション　障害者の福祉』二〇一七年一二月号、公益財団法人日本障害者リハビリテーション協会、二〇一七年
中野善達、根本匡文（編著）『改訂版 聴覚障害教育の基本と実際』田研出版、二〇〇八年
久松三二「手話言語法とろう教育（3）」、特定非営利活動法人ろう教育を考える全国協議会『ろう教育の明日』七四号、二〇一六年
藤井克徳「東日本大震災と被災障害者――高い死亡率と生活支援を阻んだ背景に何が、当面の課題を中心に」日本障害フォーラム、二〇一二年

森壮也、佐々木倫子（編）『手話を言語と言うのなら』ひつじ書房、二〇一六年
八木三郎「手話と聾教育」『外国語教育』（31）、二〇〇五年
矢沢国光『ことばはコミュニケーションの中で生まれ育つ』ろう・難聴教育研究会、二〇一九年
山内一宏「日本語と日本手話　―相克の歴史と共生に向けて―」『立法と調査』No.386、二〇一七年
山本おさむ『わが指のオーケストラ』秋田書店、一九九一年
吉開章『入門・やさしい日本語』アスク出版、二〇二〇年
「母語・継承語・バイリンガル教育研究会」を立ち上げる会　議事録
https://mhb.jp/2003/08/post_9.html

吉開章 よしかい・あきら

一般社団法人やさしい日本語普及連絡会代表理事。やさしい日本語ツーリズム研究会代表。二〇二〇年日本語教育能力検定試験合格。Facebook上の巨大日本語学習者支援グループ「日本語コミュニティ」主宰。二〇一六年政府交付金を獲得して故郷福岡県柳川市で「やさしい日本語ツーリズム」事業立ち上げ。以降やさしい日本語の社会啓発を業務で行っている。講演・メディア掲載多数。第二言語習得に関心が深く、外国人と同様に日本語を第二言語として習得する「ろう児・ろう者」への学習サポート活動も試行している。著書に『入門・やさしい日本語』（アスク出版）がある。

筑摩選書 0223

ろうと手話《しゅわ》　やさしい日本語《にほんご》がひらく未来《みらい》

二〇二一年一二月一五日　初版第一刷発行
二〇二四年　六　月二五日　初版第二刷発行

著　者　吉開章《よしかいあきら》

発行者　喜入冬子

発行所　株式会社筑摩書房
東京都台東区蔵前二-五-三　郵便番号 一一一-八七五五
電話番号　〇三-五六八七-二六〇一（代表）

装幀者　神田昇和

印刷 製本　中央精版印刷株式会社

ISBN978-4-480-01739-0 C0336

筑摩選書
0125
「日本型学校主義」を超えて
「教育改革」を問い直す
戸田忠雄
18歳からの選挙権、いじめ問題、学力低下など激変する教育環境にどう対応すべきか。これまでの「改革」の功罪を検証し、現場からの処方箋を提案する。

筑摩選書
0173
掃除で心は磨けるのか
いま、学校で起きている奇妙なこと
杉原里美
素手トイレ掃除、「道徳」教育など、教育現場では奇妙なことが起きている。朝日新聞記者が政治家から教師、父母まで徹底取材。公教育の今を浮き彫りにする！

筑摩選書
0191
3・11後の社会運動
8万人のデータから分かったこと
樋口直人
松谷満
編著
反原発・反安保法制運動には多数の人が参加した。なぜ、どのような人が参加したのか、膨大なデータから多角的に分析。今後のあり方を考える上で示唆に富む労作！

筑摩選書
0193
いま、子どもの本が売れる理由
飯田一史
直近二十年の出版不況、少子化の中、市場規模を堅持する児童書市場。なぜ「子どもの本」は売れるのか。気鋭のライターが豊富な資料と綿密な取材で解き明かす！

筑摩選書
0199
社会問題とは何か
なぜ、どのように生じ、なくなるのか？
ジョエル・ベスト
みんなが知る「社会問題」は、いつ、どのように社会問題となるのか？　その仕組みを、六つの段階に分けて平易に解説。社会学の泰斗による決定的入門書！

筑摩選書
0208
「暮《くら》し」のファシズム
戦争は「新しい生活様式」の顔をしてやってきた
大塚英志
「ていねいな暮らし」を作り出した女文字のプロパガンダとは何か。パンケーキから二次創作まで、コロナとの戦いの銃後で鮮明に浮かび上がる日常の起源。